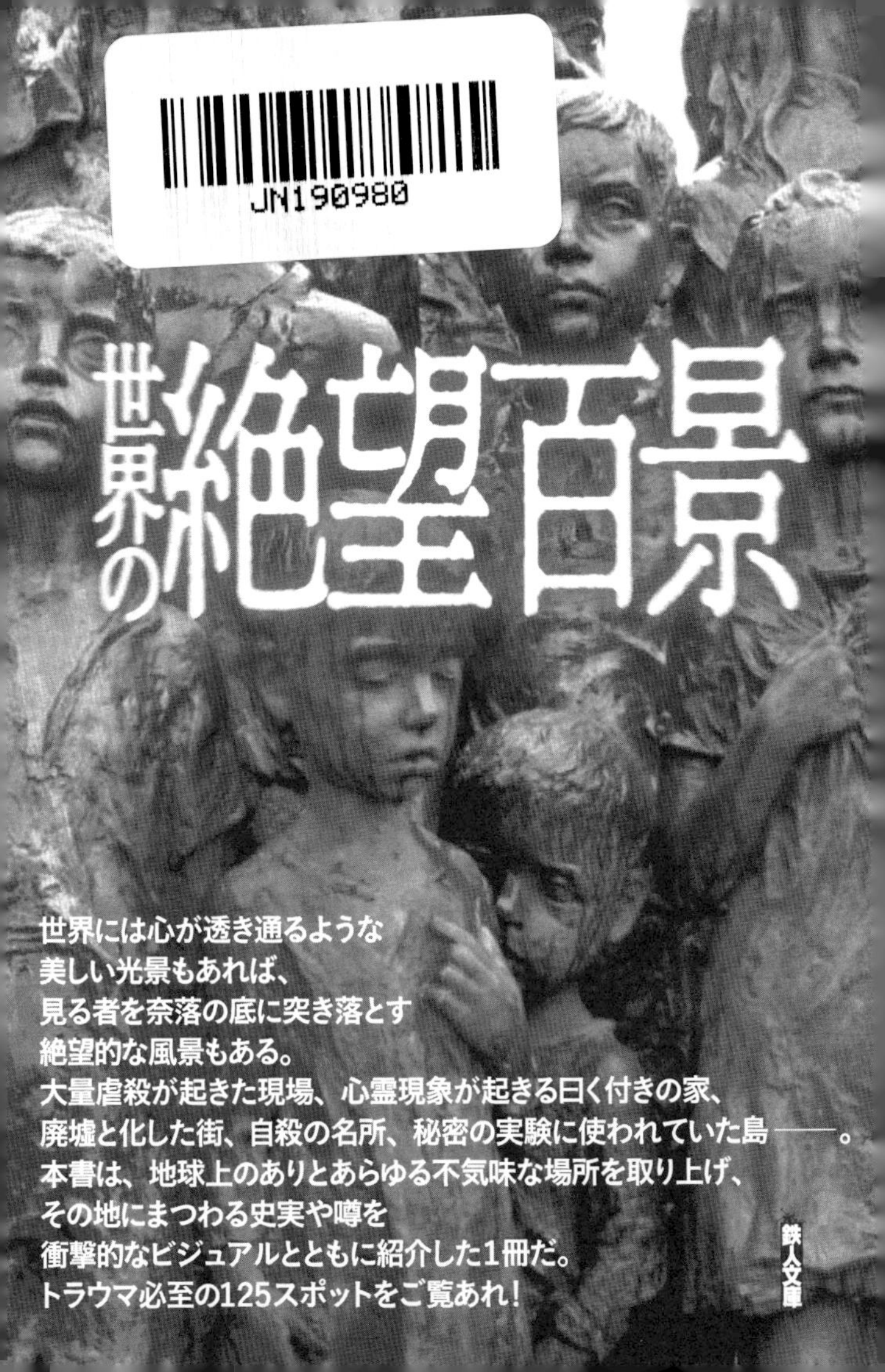

世界の絶望百景

世界には心が透き通るような
美しい光景もあれば、
見る者を奈落の底に突き落とす
絶望的な風景もある。
大量虐殺が起きた現場、心霊現象が起きる曰く付きの家、
廃墟と化した街、自殺の名所、秘密の実験に使われていた島――。
本書は、地球上のありとあらゆる不気味な場所を取り上げ、
その地にまつわる史実や噂を
衝撃的なビジュアルとともに紹介した1冊だ。
トラウマ必至の125スポットをご覧あれ！

鉄人文庫

福島第一原発に一番近い大熊町の人気のない道

福島第一原発周辺エリア

福島県・双葉町／浪江町／大熊町／富岡町ほか

放射能汚染でゴーストタウンに

多くの車両が茂みの中に取り残されている

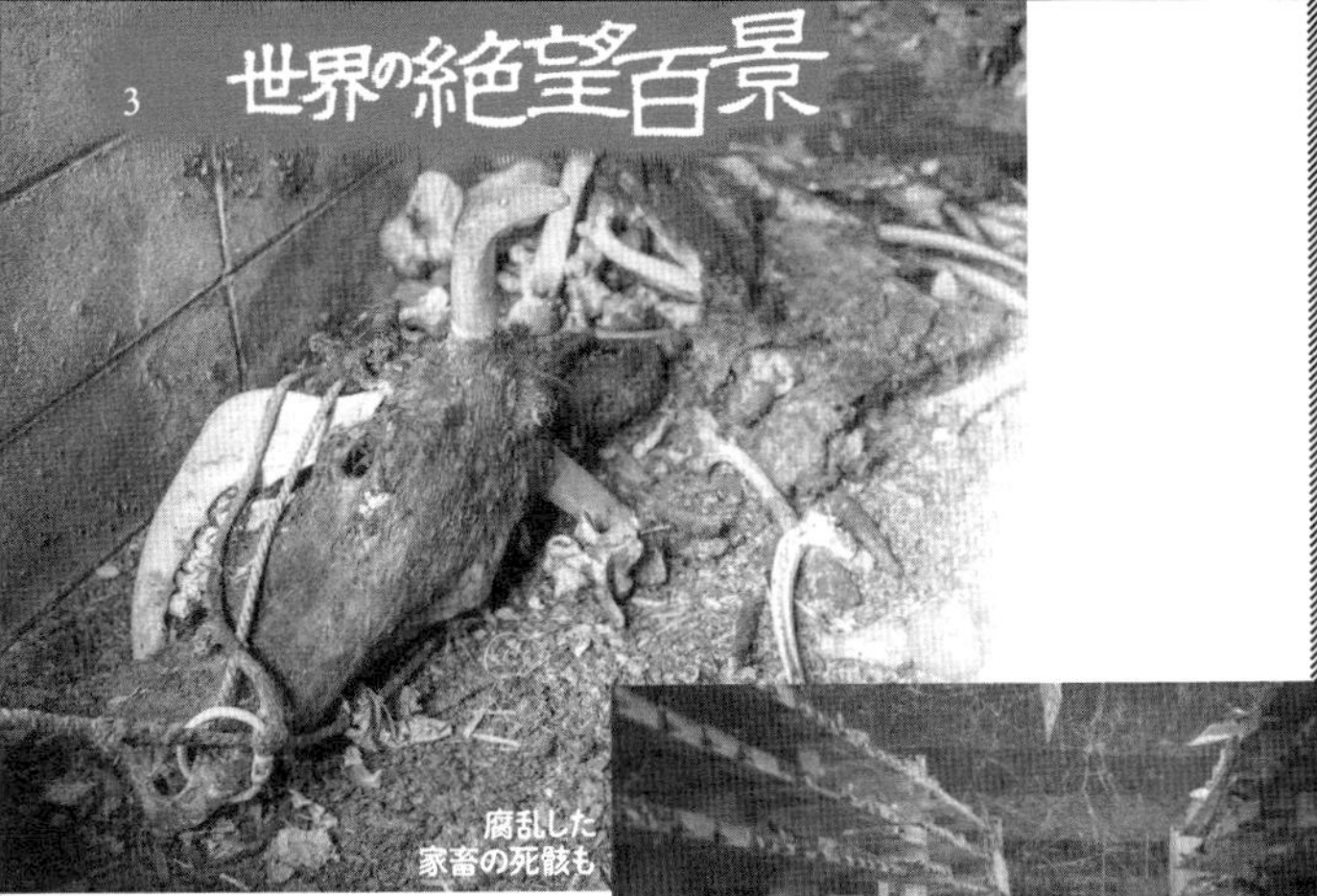

腐乱した家畜の死骸も

商品が散乱したスーパーマーケットには蜘蛛の巣が

２０１１年3月11日、東日本大震災により発生した福島第一原子力発電所事故。現場から20キロ圏内の双葉町、浪江町、大熊町、富岡町など12の市町村では、事故から8年以上が経過した２０１９年4月現在も、放射性物質の放出・拡散による生命・身体の危険があるとして、立ち入り禁止区域に指定されている。

ここに掲載したのは、ポーランド人の写真家アルカディウシュ・ポドニエシンスキ氏が２０１５年9月と２０１６年10月の２回、立ち入り禁止区域に足を踏み入れ、その現状を撮影、ネットで公開した画像である。人気《ひとけ》のない街並み、放置されたままの車、飼い主に置き去りにされ息絶えた動物の死体。ポドニエシンスキ氏が現地を訪れ抱いた印象は「ここだけ時間が止まっている」というものだった。

果たして、この地が暮らすに安全な場所を取り戻す日は来るのだろうか。

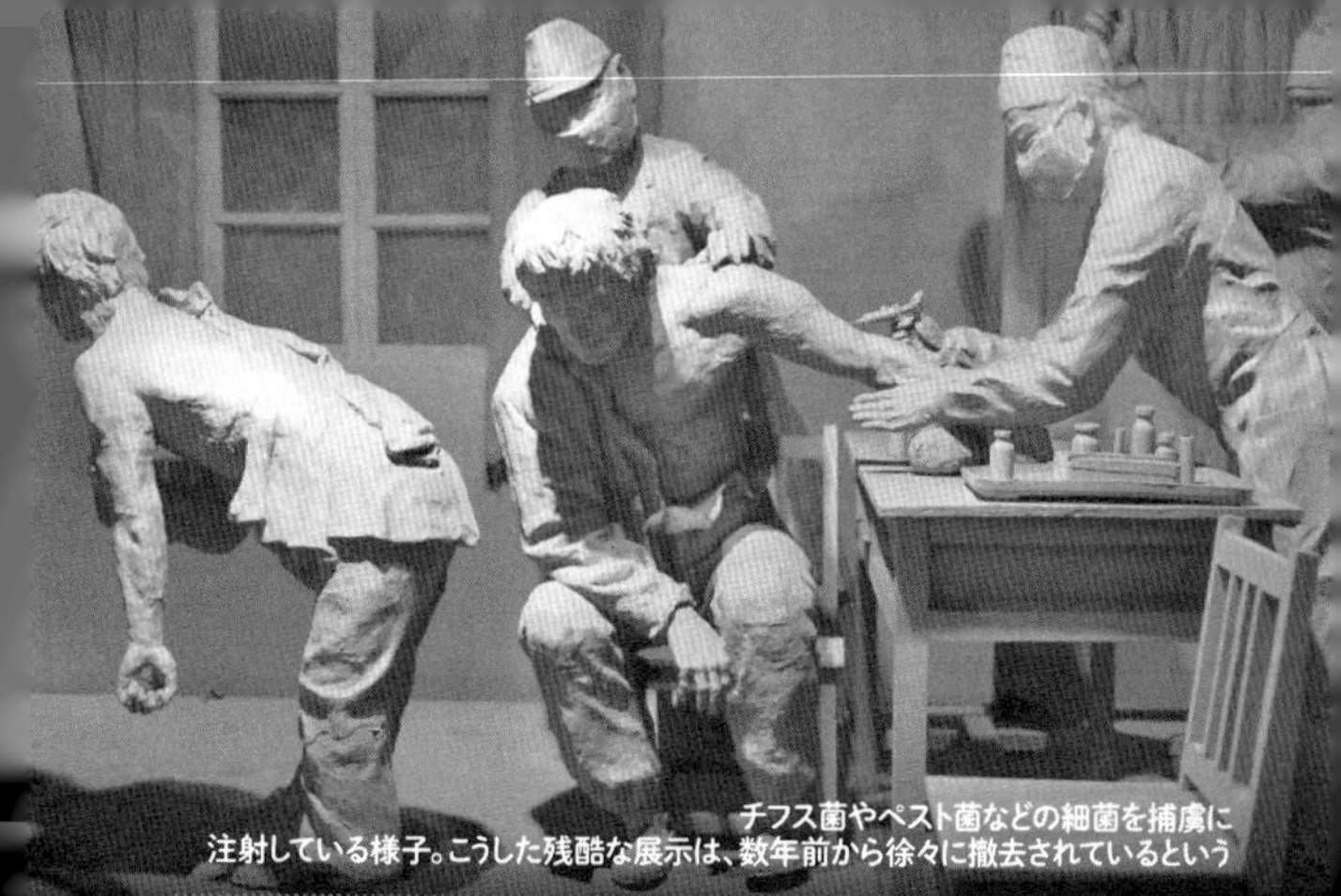

チフス菌やペスト菌などの細菌を捕虜に注射している様子。こうした残酷な展示は、数年前から徐々に撤去されているという

731部隊跡地博物館

中国・ハルビン

恐るべき人体実験の様子を蝋人形で再現

敗戦直前に証拠隠滅のための爆破で残ったボイラー棟跡

部隊を率いた石井四郎も蝋人形で再現されている

７３１部隊は、１９３３年（昭和8年）、日本陸軍が中国ハルビン市近郊（当時は満州）に設立した特殊部隊である。正式名称は関東軍防疫給水部本部。名前のとおり兵士の感染症予防や、衛生的な給水体制作りを目的に、細菌戦に使用する生物兵器の研究・開発、そのための残酷な人体実験を行ったとされる機関だ。実験の対象となったのは、主に捕虜やスパイ容疑者として拘束された朝鮮人、中国人、モンゴル人などで、部隊は「マルタ（丸太）」の隠語で称される彼らに、凍傷実験、ガス壊疽実験、銃弾実験、細菌爆弾の効果測定、性病実験などを施した。実験で死亡した被験者は1千５００人以上にものぼるという。

ハルビン駅からバスを乗り継ぎ約1時間半、部隊の本部があった同市平房《へいぼう》区新疆《しんきょう》に７３１部隊跡地博物館が建てられている。本館には、史実を紹介するパネル、生きたまま被験者の体を切り刻んで行われた生体実験の様子を再現する蝋人形、７３１部隊長で軍医中将の石井四郎をはじめ、関わった日本軍人や軍医の写真・氏名などが展示されている他、敷地内に７３１部隊全体のエネルギーをまかなっていたボイラー棟の残骸、ペスト菌の培養のためネズミを飼育していた地下室など、様々な施設跡が置かれている。

スラバヤ動物園

インドネシア・東ジャワ州

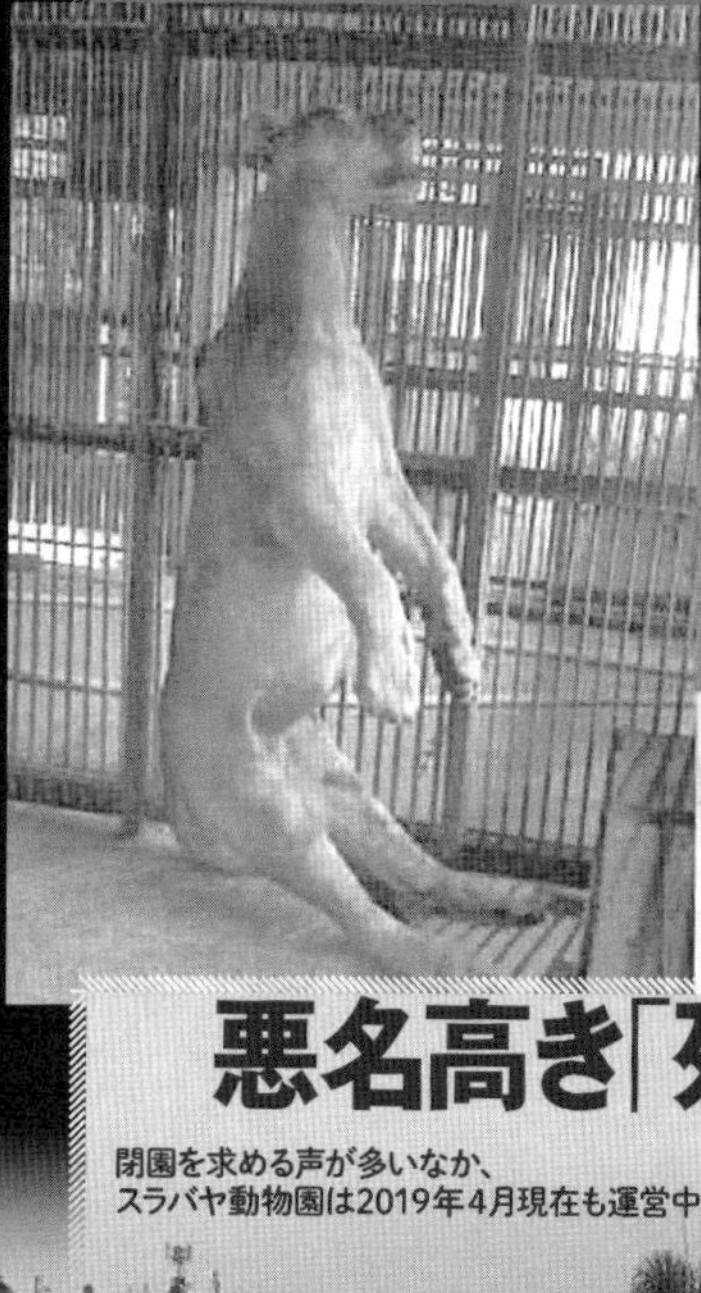

2014年1月、ワイヤーが首に引っかかり死亡した1歳半のオスのライオン「マイケル」。警察が調査に訪れた際、屍体は隠されていたという

悪名高き「死の動物園」

閉園を求める声が多いなか、
スラバヤ動物園は2019年4月現在も運営中

インドネシア・東ジャワ州スラバヤ中心部にあるスラバヤ動物園は東南アジア最大規模の動物園だが、ここは「死の動物園」という別名を持っている。これまで数え切れないほどの動物が園内で死亡しているのだ。

その中には、絶滅の危機にある希少なスマトラトラやボルネオオランウータンなども含まれ、2013年には12歳と15歳のボルネオオランウータンが、それぞれ脳腫瘍と肝機能障害、呼吸困難で死亡し、2014年1月には生後18ヶ月のオスのライオンが檻の中でワイヤーで首を吊って死んでいるのが発見された。もはや異常事態だ。

原因は園の運営体制にある。当動物園では長い間、タバコを吸うオランウータンを呼び物にするなど儲け主義に走り、動物の飼育は二の次。政府から年間数十億ルピアが支給されているにもかかわらず、20年も檻を新しくせず、飼育能力に長けたスタッフを雇わなかったのだ。現在、スラバヤ動物園は動物虐待の疑い、管理体制の問題、劣悪な飼育環境などから、複数の動物愛護団体から園の閉鎖を求められているそうだ。

ろくに食事も与えられず、がりがりに痩せたトラ

ニューシャム・パーク・ホスピタル

イギリス・リバプール

心霊現象が立て続けに

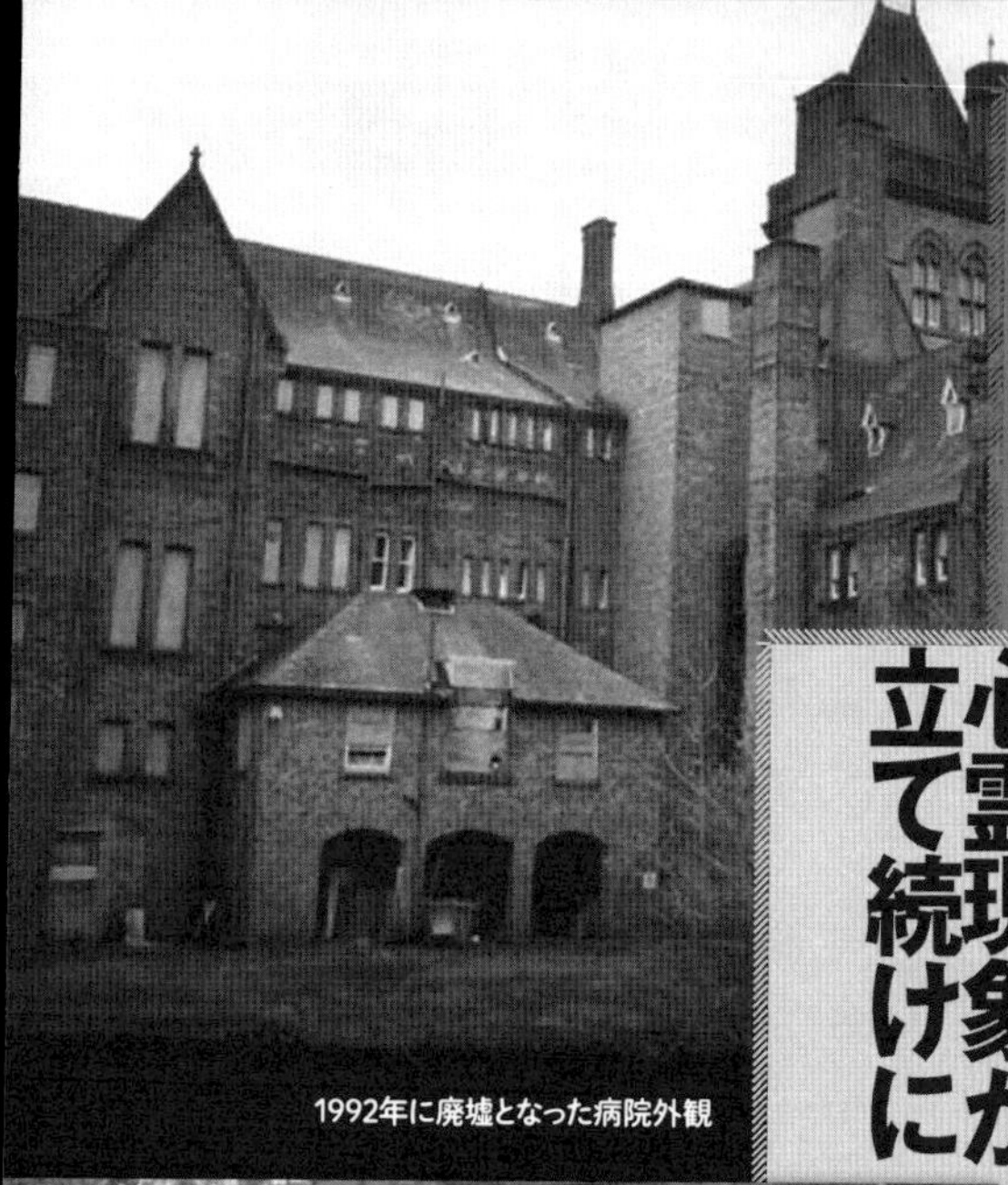

1992年に廃墟となった病院外観

門の前にランニングしているような半透明の人間の姿が

英リバプールにあるニューシャム・パーク・ホスピタルは、1874年に孤児院として建てられ、第一次大戦直後には約1千人の孤児を収容していた。その後、施設は精神病院として使われ、1992年に閉鎖されたのだが、ここでは子供の幽霊が目撃されることが多く、現在、心霊ツアーの名所となっている。

2016年9月、この病院で不思議なことが起きる。20歳の男性が友人の誕生日を祝うため心霊ツアーに参加。病院に赴き外観を撮影したところ、門の前を横切る半透明の人間が写っていた。翌10月には、27人のツアー参加者が2人の超常現象研究家とともに院内を探索、最後に全員で記念撮影を行った。27＋2で合計29人となるはずなのだが、写真に写っていた人数は全部で30人。居るはずのない1人の女性が写っていたのだ。

ツアーに参加していなかった女性が中央に。その顔は血の気が全く感じられないものの、笑みを浮かべている

過去、ニューシャム・パーク・ホスピタルに収容された孤児は厳しい監視下に置かれ、兄弟姉妹が互いに引き離されたり、体罰を受けるなど、その環境は苛酷で、不幸な亡くなり方をした子供たちも少なくなかったそうだ。彼らの霊がいまだこの病院に宿っているのかもしれない。

ビーチー岬

イギリス・イーストボーン

息を飲むばかりの絶景だが…

自殺希望者を引き寄せる美しき断崖絶壁

現地では自殺希望者を説得する姿も

至る所に自殺者を悼む十字架が

英ロンドン南部イーストボーンの海岸に、何十キロにもわたる真っ白な断崖絶壁がある。7つの丘があることからギリシャ神話のプレアデス7姉妹になぞらえ「セブン・シスターズ」と呼ばれる石灰岩でできた崖。その突端がビーチー岬だ。〝美しい岬〟を意味するフランス語が名前の語源である。

古くからイギリス海峡を通る船乗りたちのランドマークでもあり、空と海が広がる岬の景色は、この世のものとは思えないほど美しいと世界中から観光客を集めている一方、ここでは最高海抜162メートルの高さが自殺希望者を引き寄せて止まない。牧師団体が定期巡回し、タクシー運転手が見張りに従事。さらに慈善団体が立て看板で自殺を思い直すよう呼びかけているものの、年に20人ほどが亡くなっているとみられている。

1979年の映画「さらば青春の光」のラストシーンで主人公がバイクでこの崖の上から飛び降りたり、1988年、人気海外ドラマ「イーストエンダーズ」に出演した当時20歳のデイヴィッド・スカボロが飛び降り自殺したのも拍車をかけているようだ。

ミイラはカプチン会特有の方法で保存されている

カプチン・フランシスコ修道会地下納骨堂

イタリア・パレルモ

約8千体のミイラを安置

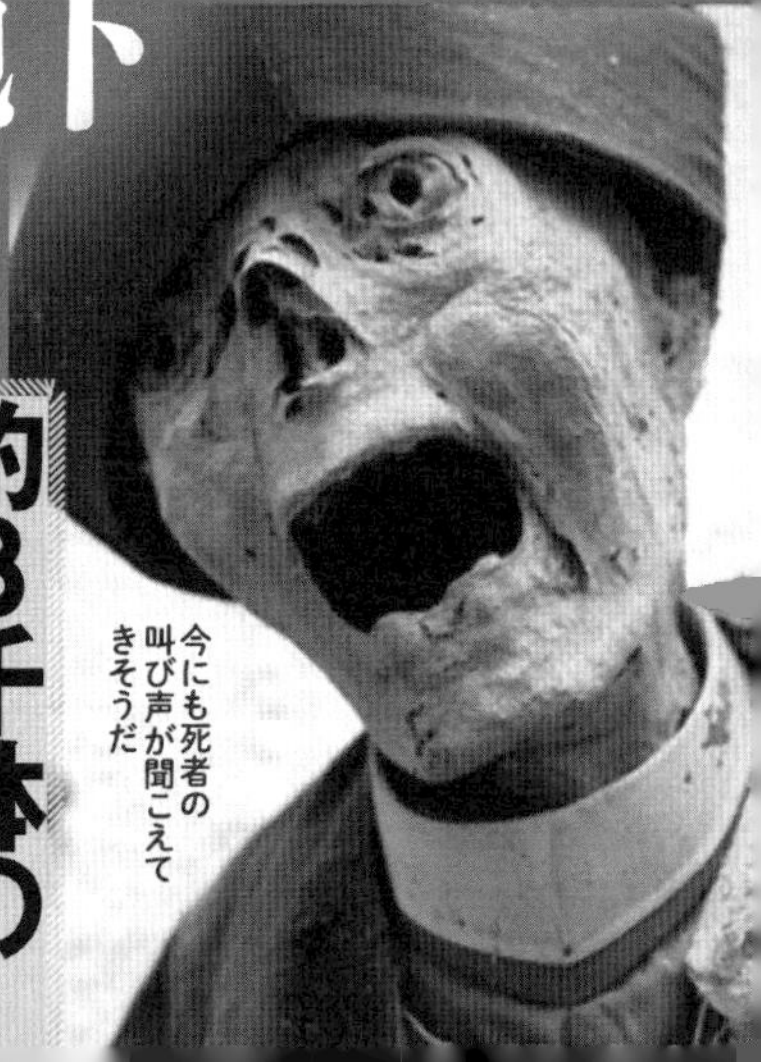

今にも死者の叫び声が聞こえてきそうだ

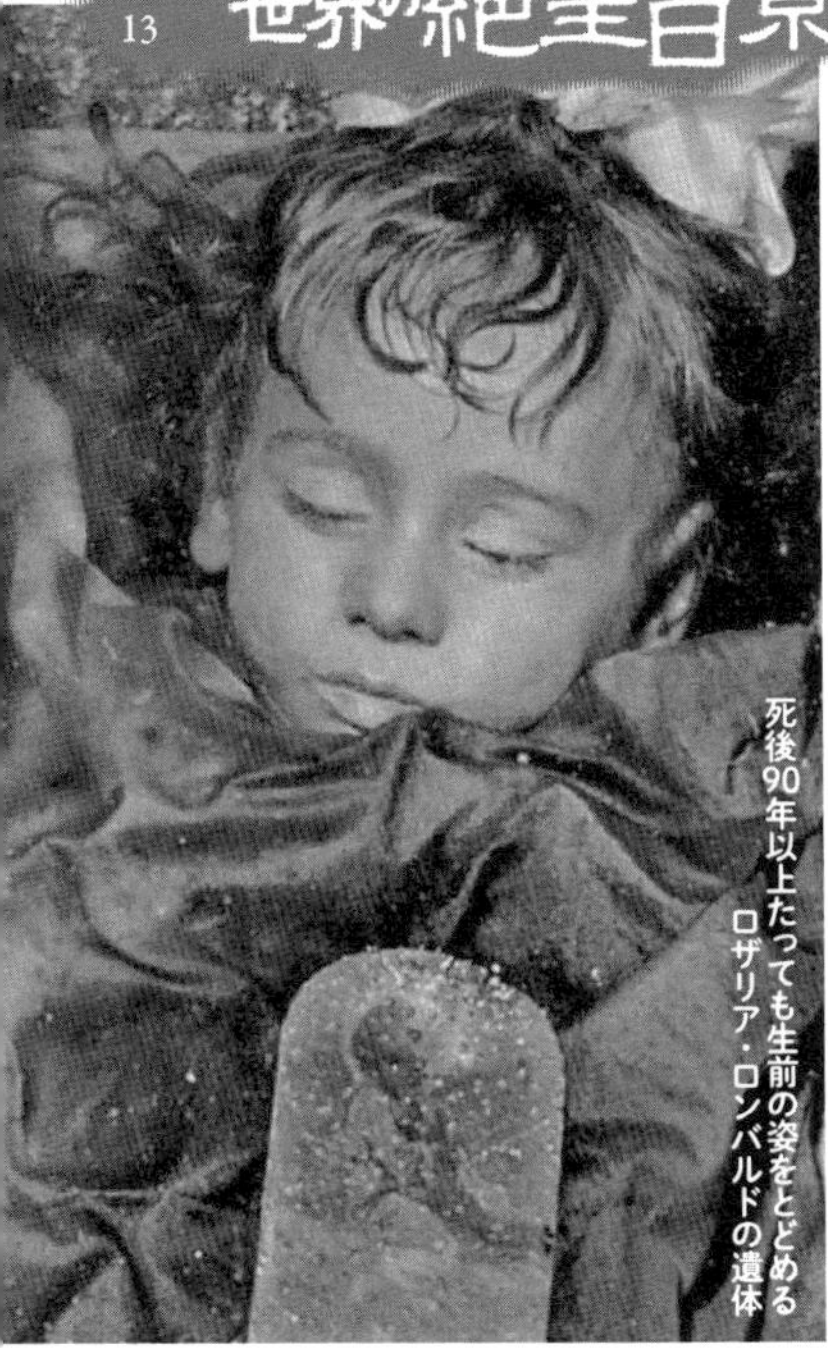

死後90年以上たっても生前の姿をとどめるロザリア・ロンバルドの遺体

イタリア南部のシチリア島北西部に位置するパレルモ。この中世シチリア王国の古都に、カプチン・フランシスコ修道会（カトリック教会の修道会の1つ）の建物がある。1599年に建設された地下トンネルの納骨堂に約8千体のミイラが安置されていることで、世界的に有名なスポットだ。

遺体は男性、女性、処女、子供、司祭、修道僧などのカテゴリに区分、収納されているが、当時は完全な防腐処理を施す工程が高価であったため、損傷が激しく大半は白骨化している。数ある遺体の中でも特に有名なのが、1918年に将軍マリオ・ロンバルドの娘として生まれ、わずか2歳で肺炎により生涯を閉じたロザリア・ロンバルドのミイラだ。死後90年以上経過していながら、眠っているかのような状態で生前の姿をとどめ続けていることは長年、謎とされてきたが、2009年になり、ロザリアが死去した当時の遺体保存専門家が精巧な防腐処置を施していたことが判明している。

霊気と冷気に包み込まれる納骨堂。一見の価値は十分だ。

ドイツ・ポツダム

ベーリッツ・サナトリウム

ナチス・ドイツの威光を誇るかのように、建物はいずれも重厚な造り

放置された入院用ベッド。壁には訪問者の落書きも

かつてヒトラーが入院していた軍事病院

廃墟マニアの
定番スポットとしても知られる

ドイツ・ブランデンブルク州ポツダムにあるベーリッツ・サナトリウムは、1889年、当時流行していた結核の治療のため、ドイツ国立保健研究所が建設した病院である。1916年、ここにアドルフ・ヒトラーが入院する。第一次世界大戦における最大の会戦、ソンムの戦いで負った太ももの怪我を治療するためだ。

以来、この施設はドイツ帝国軍の軍事病院となり、総面積200ヘクタールの広大な土地に、電気や水道など多くのエネルギーをまかなうための巨大な石炭電力発電所、軍事病院併設の軍事訓練施設、さらにはレストランや映画館など60の施設が整備。第二次世界大戦中は、巨大な病院都市として機能していた。

しかし、ドイツ敗北によって1945年、ソ連軍がこの地を接収して以降、ソ連軍病院として様々な治療のための研究を行う施設に。その後、東西ドイツの分断、再統一を経て1995年に民営化されたが、立地条件が悪かったこともあり所有者が破産、2000年、完全に放棄される。廃墟となった後は、その退廃的な雰囲気が注目を集め、映画「戦場のピアニスト」や「ワルキューレ」のロケ地として使われている。

リディツェ村虐殺事件跡地

チェコ・プラハ

跡地に建つ記念碑。約500人の村民のうち、
生きて国に戻ったのはたったの15人だった

ナチスが土地と
住民を消し去った村

資料館に展示された、虐殺時の写真

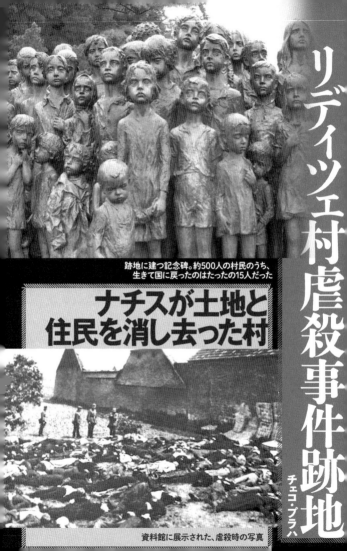

美しい公園内に絶望的な像が

チェコの首都プラハから電車とバスを乗り継ぎ1時間。整備された公園内に、悲しみの表情を浮かべた子供たちの像が建っている。第二次世界大戦中、ナチス・ドイツが土地と住民を抹殺したリディツェ村虐殺事件の跡地である。

惨劇は、ナチス党幹部のラインハルト・ハイドリヒが1942年5月27日、レジスタンス組織に暗殺されたことに端を発する。激怒したヒトラーはドイツ占領下の幾つかの村の掃討《そうとう》を命令。その中の一つがリディツェ村だった。

6月10日、保安警察部隊が村に押しかけ、15歳以上の男性約200人を納屋に追い込み、10人ずつ引き出しては銃殺。女性約180人は強制収容所に送られ、その4分の1がチフスと過労で死亡。104人いた子供は別の収容所送りとなり、アーリア（非ユダヤ人）化計画に選ばれた者以外は、多くがガス室で殺害された。さらに、部隊はヒトラーの命令により、その後、半年以上をかけて徹底的に破壊、村を原野に変えてしまった。

現在、村があった跡地には虐殺の事実を伝える資料館と記念碑が建っており、隣接する場所に新たなリディツェ村が再建されている。

冬は気温が氷点下60度を下回る日もある

マイナス40度が当たり前の世界で最も寒い定住地

オイミャコン

ロシア・サハ共和国

車を凍結させると二度とエンジンがかからなくなる危険性大

北極圏までわずかの距離に位置するオイミャコン。村の名前は現地の言葉で〝不凍の水〟を意味する

洗濯物は外で干すのが常識。
数分で服の表面に氷の塊ができ、
それを払い落とせばOK

1926年1月26日、マイナス71・2度という、北半球最低気温が記録された。場所は、ロシア・サハ共和国のオイミャコン。世界で最も寒い定住地とされる、北極圏のわずか南に位置する村だ。四方を山に囲まれた盆地という立地から、冬は流れ込んだ冷気が溜まって寒さが増し、夏は気温が上昇。気候は1年の半分が冬で、1月の平均気温はマイナス40度。対し7月の日中は摂氏30度を超えることもあるという。

極寒の地で暮らす住民（2010年時点で人口462人）の生活は想像を絶する。土壌が凍結するため村には水道がなく、どの家も給水車のホースを室内に入れるための四角い穴を設置。主食である魚は近くの川で獲れるが、気温が低いときは釣った魚が外気に触れた途端に凍りつく。玄関のドアノブを掴んだ瞬間、手とドアノブがくっついてしまうことも日常茶飯事。車のエンジンはかけたままにしておかなければ凍ってしまう。

こんな環境ながら、村の住民は多くが長寿で、ソビエト時代には平均寿命が国内2位になったこともあるそうだ。極端な冷気によって、細菌やウイルスによる感染症にかかるケースがほとんどないことも長生きの要因の一つと言われている。

ジェルジンスク

ロシア・ニジニ・ノヴゴロド州

化学工場は街を潤す一方、
深刻な健康被害をもたらした

平均寿命45歳の
世界最悪の化学汚染地帯

住民にマスクは欠かせない

２０１８年７月、世界保健機関が発表した統計によると、日本の平均寿命は84・2歳で世界トップ。世界全体では72・0歳だったが、ロシアには平均寿命45歳の街がある。国全体の平均寿命は71・9歳ながら、モスクワから東へ約４２０キロ、人口約23万人のジェルジンスクだけ圧倒的に低い。原因は、国民から〝地獄〟とも称される環境汚染だ。

１９３０年以降、ジェルジンスクは工業都市として発展、旧ソビエトの化学工場の中心地の一つとなり、20世紀後半の東西冷戦期には猛毒ガスのサリンやVXガスなど化学兵器の生産拠点とされた。街は潤い、近代的な工場がいくつも建ち並ぶ一方、市内を流れるボルガ川は何の処理もされず投げ捨てられた化学ゴミでヘドロとなり、空中には有毒なダイオキシンが漂う事態に。土壌検査では、中枢神経、内分泌系、腎臓などの器官に障害を起こし、ガンを誘発するメタクリル酸メチルまで検出された。

ジェルジンスクは、世界一有毒物質による汚染が深刻な地域としてギネスブックに載っており、近年の死亡率は出生率を２６０％上回っている。それでも、街には現在も多くの人たちが住んでいる。工場で雇用があるからだ。改善策として汚染地域を埋め立てる計画が進んでいるが、予算面で頓挫しているそうだ。

90年もの間、ドラム缶ごと垂れ流された化学物質で川や湖はヘドロ状態に

ミラクル・ビレッジ

アメリカ・フロリダ州

上空から見たミラクル・ビレッジ。周囲から完全に孤立している

性犯罪者たちがひっそりと暮らす村

PUBLIC NOTICE
Pursuant to F.S.775.21
is a convicted
Sexual Predator
and lives at this location
PUBLIC NOTICE
Pursuant to F.S.775.21
is a convicted
Sexual Predator
and lives at this location

社会から拒絶された者が見つけた永住の地

ミラクル・ビレッジへの居住を希望する者は多いが、それも住民たちの投票によって決められるらしい

米フロリダ州では、性犯罪で捕まった場合、インターネットで情報を公開され、スーパーマーケットなどにも顔写真を貼り出される。刑期を終えても、仕事も住む家も見つけられない。性犯罪者の社会復帰は極めて難しいのが現状だ。

２００９年、30年間の刑務所暮らしの後、牧師となった１人の男性がマイアミから約１２０キロ離れた土地を買い取り、性犯罪者たちに開放した。彼らを罪と向き合わせながら、社会生活を営ませるのが目的だ。

「ミラクル・ビレッジ」と呼ばれるこの一帯に、２０１４年現在、約２００人が暮らしている。住民の半数が性犯罪者で、残りはその配偶者や家族、友達などだ。彼らの罪状は児童ポルノの閲覧や、合意の上で未成年と性交渉したなどの比較的軽い罪で、暴行や暴力的な犯罪を犯した者や凶悪犯罪者はこの村に居住することはできない。入居に関しては厳しい審査があり、そこで落とされた者は、ここから少し離れた橋の下で暮らしているそうだ。

性犯罪者にとっては〝楽園〟とでも言うべきミラクル・ビレッジ。住民の大半はこの地で生涯を過ごしたいと考えているという。

クラウン・モーテル

アメリカ・ネバダ州

外観からして不気味オーラが漂う

館内至るところピエロだらけのホテル

宿泊客を大量のピエロが出迎えてくれる

室内もご覧のとおり

米ネバダ州の国立公園に囲まれたハイウェイ沿いに、ミステリー作家スティーヴン・キングの小説に登場しそうな怖いホテルが存在する。クラウン・モーテル。名前どおり、建物内に大量のクラウン（ピエロ）が潜む不気味スポットだ。

ホテルロビーでは、人間大のピエロが満面の笑みで出迎え、フロントの棚という棚はピエロの人形だらけ。館内に飾られた絵画も全部ピエロなら、道路脇に立った看板も、各客室の扉や室内も…。とにかく一帯ピエロだらけなのだ。

さらに恐怖をかきたてるのは、ホテルの真横が墓地という立地だ。ホテルがあるのは、トノパーという人口2千500人ほどの小さな街。かつて銀鉱山で栄えていた頃は5万人が住み、ネバダ州で2番目に裕福だった。しかし1902年の疫病や、1911年の鉱山火災で多くの労働者が死亡。また、1920年代には銀生産が減少したこともあり街を去る人が多くなっていったという。そんな時代を反映してか、質素な木製の墓標が並ぶ様は、まるでホラー映画のセットのようだ。ホテルの不気味さがネットで話題となり、「アメリカで最も怖いモーテル」で夜を過ごすため、わざわざ現地へ出向く若者たちが多いらしい。

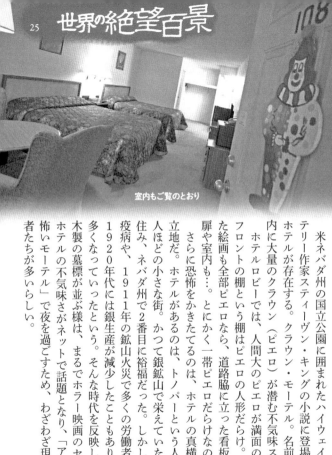

ソチミルコの人形島

メキシコ・メキシコシティ

怨念、苦悶に満ちた表情が怖い

不気味な人形で埋め尽くされた島

メキシコでは有名な観光スポットで、遊覧船ツアーも実施されている

まるで集団首吊り
自殺のような光景

メキシコの首都メキシコシティ南部ソチミルコ運河に、世界的に有名な観光地がある。敷地内の至るところに不気味な人形がぶら下がる、通称「ソチミルコの人形島」だ。

１９５０年代、島の持ち主だったドン・ジュリアン・サンタナが、島の近くの運河で溺れ死んだ少女の霊に取り憑かれてしまったのが、そもそもの始まりである。霊に苦しんだ彼は、ゴミと一緒に運河へ流れてくる人形を釣り上げ、祭壇に祀《まつ》って供養し始める。その数は年々増え続け、いつのまにか島全体が人形で埋まってしまう。

木の枝や柱などにぶら下げられた人形は、苦悶の表情を浮かべたり、首が折れ曲がっているものもあり不気味の一言。この地方ではブードゥー教が信じられており、古くから呪術やまじないに人形が使われてきた背景も、恐怖を増幅させている。

さらに恐ろしいのは、サンタナの死に方だ。２００１年、なんと少女が溺れ死んだ同じ場所で死体となって発見されたのだ。現在、島は彼の甥が管理しており、噂を聞いた観光客が世界中から押し寄せている。

サン・ペドロ・スーラでは珍しくも何ともない光景

サン・ペドロ・スーラ

ホンジュラス北西部

世界で最も治安の悪い都市

悪名高きギャング集団「マラス」のメンバー

注意喚起の意味も込め、世界の危険な都市ランキングを発表する海外サイトは数多く存在するが、ほぼ全てのサイトで毎年上位に入るのが、人口約71万人のホンジュラス第2の都市サン・ペドロ・スーラだ。住民10万人あたりの殺人発生件数は約111件（2015年統計）で、人口約1億2千500万人の日本全体の年間殺人事件件数（未遂、予備容疑を含む）約1千件と比較すると、なんと138倍にも達する。

サン・ペドロ・スーラはメキシコの麻薬カルテルの経由地として機能しており、組織間の抗争によって殺人事件が多発。その中心になっているのが青少年凶悪犯罪集団「マラス」で、抗争に伴う銃撃戦により無関係の住民が巻き込まれることも珍しくない。また外国人が殺害されるケースも増えており、2013年1月には英国人旅行者が所持品を奪われた後に銃殺される事件が発生した。

夜道を歩いていると問答無用で捕まり、街中に銃痕のある車が停車しているというサン・ペドロ・スーラ。世界一安全な国に住む日本人には想像すらできない。

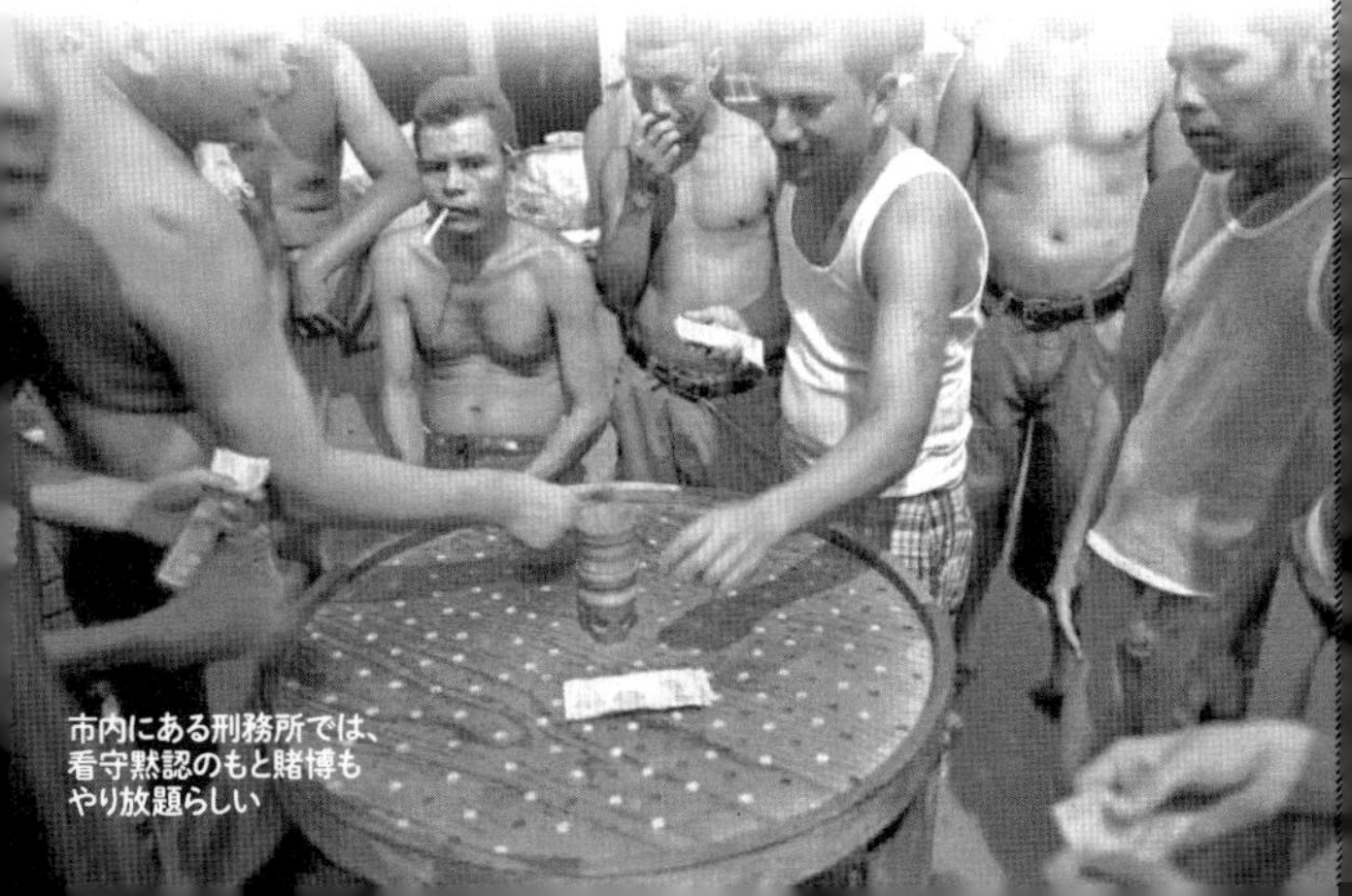

市内にある刑務所では、看守黙認のもと賭博もやり放題らしい

アコデセワ呪物市場

トーゴ・ロメ

ミイラ化した動物が売られる超特殊マーケット

全て売り物であることが驚き

商品棚には
頭蓋骨がびっしり

興奮効果があると言われるサルの頭部

アフリカ・トーゴの首都ロメのど真ん中に驚愕の露天市がある。ブードゥー教の儀式や占いで必要な品を揃えたアコデセワ呪物市場だ。

ブードゥー教と聞くと、動物を生贄に捧げて憎い相手を呪い殺す黒魔術や、人間をゾンビに変えるゾンビパウダーなどをイメージしがちだが、病気を癒すなど日本の厄除け的な役目を果たす儀式も多数あるという。国民の半分以上がブードゥー教徒であるトーゴの人々は、この市場で儀式に使う動物のミイラ化した頭部や頭蓋骨、肉などの呪物を購入するのだそうだ。

アコデセワ呪物市場にないものはない。カメレオンやトカゲ、カメ、ネズミ、様々な鳥を乾燥させたものから、犬、サル、ヒョウ、ハイエナの頭、シカやバッファローの角、ヤマアラシの針、ゾウのしっぽ、ワニや蛇の皮。変わったところでは惚れ薬や、枕の下に置くと良い夢が見られる木の実、風邪防止や不妊治療のお守り、そして黒魔術の呪いを解く魔除けまで、その数5千点以上。トーゴを訪れる機会があれば、ぜひ現地で当市場の衝撃的なディスプレイを直でご覧になることをお勧めしたい。

マホビーチ

カリブ海セント・マーティン島

大型旅客機が頭上スレスレを通過!

この超スリリングな光景を見たことがある人は少なくないだろう。カリブ海オランダ自治領セント・マーティン島のマホビーチ。すぐそばにあるプリンセス・ジュリアナ国際空港に着陸するため、高度20〜30メートルで航空機が通過することで有名な海岸だ。

航空機の写真を撮るのが好きな人にはこれ以上ない撮影スポットで、ビーチでは飛行機の離着陸時に発生する後方気流を体感できるそうだが、それによって重症を負ったり、命を落とす危険もあるらしい。

手を伸ばせば機体に届きそうなスリルを求めて、世界中から観光客が押し寄せるマホビーチ。日本の旅行会社でもツアーを実施しているので、興味のある方はご自由に。

世界の絶望百景

もくじ

グラビア

第3章 ヨーロッパ

※本書は、弊社より2017年3月に刊行した「世界の絶望百景2017」を加筆・修正・再編集し、文庫化したものです。
※本書掲載の情報は、2019年4月末時点のものです。

世界の絶望百景

第1章

日本

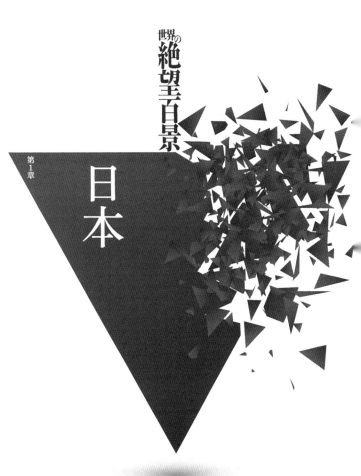

三毛別ヒグマ事件 復元現場

北海道・苫前町

開拓民7人が食い殺された獣害事件を再現

レプリカながら、その迫力に圧倒される

民家を襲うヒグマ。体長は2・7メートルもあった

今から1世紀以上も前の1915年（大正4年）12月、身のたけ2・7メートル、体重380キロの巨大なエゾヒグマが北海道苫前《とままえ》郡苫前村三毛別《さんけべつ》六線沢《ろくせんさわ》の民家を襲い開拓民7人を殺害、3人に重傷を負わせるという日本史上最悪の獣害事件が起きた。

事件は悲惨極まりなく、被害者の1人である34歳の主婦などは、自宅にいたところを引きずり出され、足と頭蓋の一部を残し食い殺された状態で見つかっている。ヒグマは事件発生から5日後に熊撃ちの名人によって射殺されたが、この惨劇によってクマを恐れた住民が引っ越したり離農したため、事件現場は説明板などが置かれただけの荒野となる。

それから70年以上が過ぎた1990年夏、街の活性化の一助として、同集落の住民が総出で現場を再現した。うっそうと木々が茂る一角に、当時の生活を再現した家屋の復元、事件を解説する看板、犠牲者の慰霊碑、そして民家に襲いかかろうとするヒグマ等々。実際に事件が発生した場所とは数百メートル離れているが、惨劇を今に伝える十分な内容だ。

開館期間は、降雪のない5月中旬～10月下旬。入場は無料。なお、当地では現在も野生のクマが出没することがあるそうだ。訪問の際はくれぐれもご注意を。

突如現れたヒグマに驚愕する住民の姿も再現されている

九人の乙女の像

北海道・稚内市

真岡郵便電信局事件で自決した電話交換手9人の慰霊碑

高さ1.8メートル、幅2.4メートル。登別石で屏風風に造られ、交換手姿の乙女の銅板レリーフがはめ込まれている

「九人の乙女の像」とともに稚内公園内に建立された、樺太で亡くなった日本人のための慰霊碑「氷雪の門」

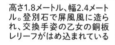

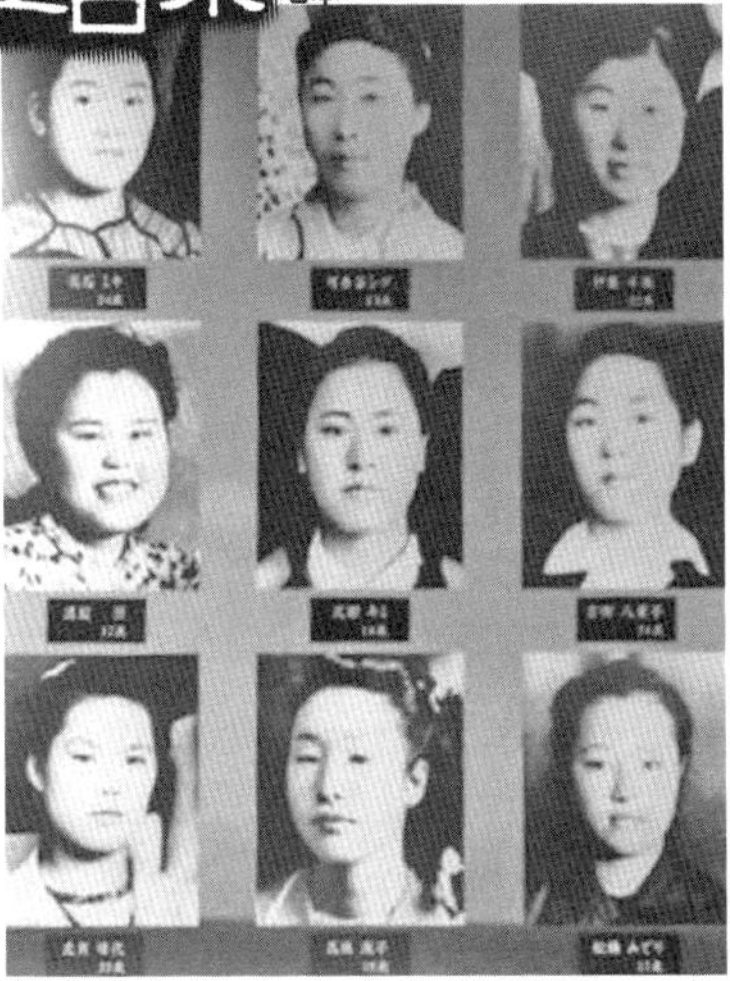

自決した9人の電話交換手。1973年3月31日付けで勲八等宝冠章を受勲。現在は靖国神社に合祀されている

第二次世界大戦は１９４５年8月15日の玉音放送で終了したとされるのが一般的だ。が、当時日本領だった樺太では、その後もソ連軍と日本軍の戦闘が続いていた。

樺太真岡《まおか》の真岡郵便電信局は日本敗戦後も業務を行っていた。しかし、同年8月20日、南樺太にソ連軍が侵攻してきて、いよいよ最後の時を迎える。残留していた電話交換手の女性12人のうち9人が青酸カリなどで覚悟の自決を遂げたのだ。

彼女らを英霊として顕彰すべく、１９６3年、地元の樺太関係者と遺族の手によって北海道稚内市の稚内公園内に「九人の乙女の像」が建立された。当初碑文には、自決は軍の命令かのように書かれていた。が、実際には軍命令はなく、生存者もいたので、その後、公務殉職として叙勲しようとの気運が起こり、死亡は殉職だった旨、書き直された。

慰霊碑には、当時の北海道知事の筆で「皆さん　これが最後です　さようなら　さようなら」という別れの言葉と9人の名が表面に記されている。が、実際の言葉は碑文とは異なり、「交換台にも弾丸が飛んできました。もうどうにもなりません。局長さん、みなさん…、さようなら。長くお世話になりました。おたっしゃで…。さようなら」だったという。

廃墟となったカローラ山荘。正式名称は「青森迦楼羅山荘」

カローラ山荘

青森県・八戸市

精神病患者が隔離、殺されたという噂が

敷地内に放置された石像。患者が造ったとされている

青森県八戸市の山奥に、地元では有名な心霊スポットがある。もともと精神病患者の療養施設で、現在は廃墟となったカローラ山荘だ。噂では、ここは表向きは更生を目的としながら、実は精神病を患った家族を疎ましく思った身内がこの地に強制的に隔離し、家族の同意のもと、施設職員が患者たちへ暴行虐待を働いた挙げ句に殺害、その死体を敷地内に埋めていたとも言われており、夜になると彼らの霊が近くを彷徨《さまよ》うのだという。

カローラという名前はインドの神話に登場する「迦楼羅天」に由来し、山荘周辺には仏教に関連したいくつもの石像が建っている。お釈迦様や鬼のような形相の像、首なし地蔵、上半身が人間で下半身が獣の姿の神話に出てくるような怪物、ビーナス像らしき彫刻、白いアーチ型のオブジェなどが散見される。

山荘入り口は常に開け放たれているため、24時間出入り自由。廃墟好きには訪れるに十分な価値あるスポットだが、夜は不気味さが倍増することもお忘れなく。

洋風のオブジェも散見される

被災前の庁舎。1960年発生のチリ地震による
津波の教訓から、高さ12メートルの3階建て、
屋上が避難場所になっていた

南三陸町
防災対策庁舎

宮城県・南三陸町

高さ15・5メートルの大津波に襲われ43人が犠牲に

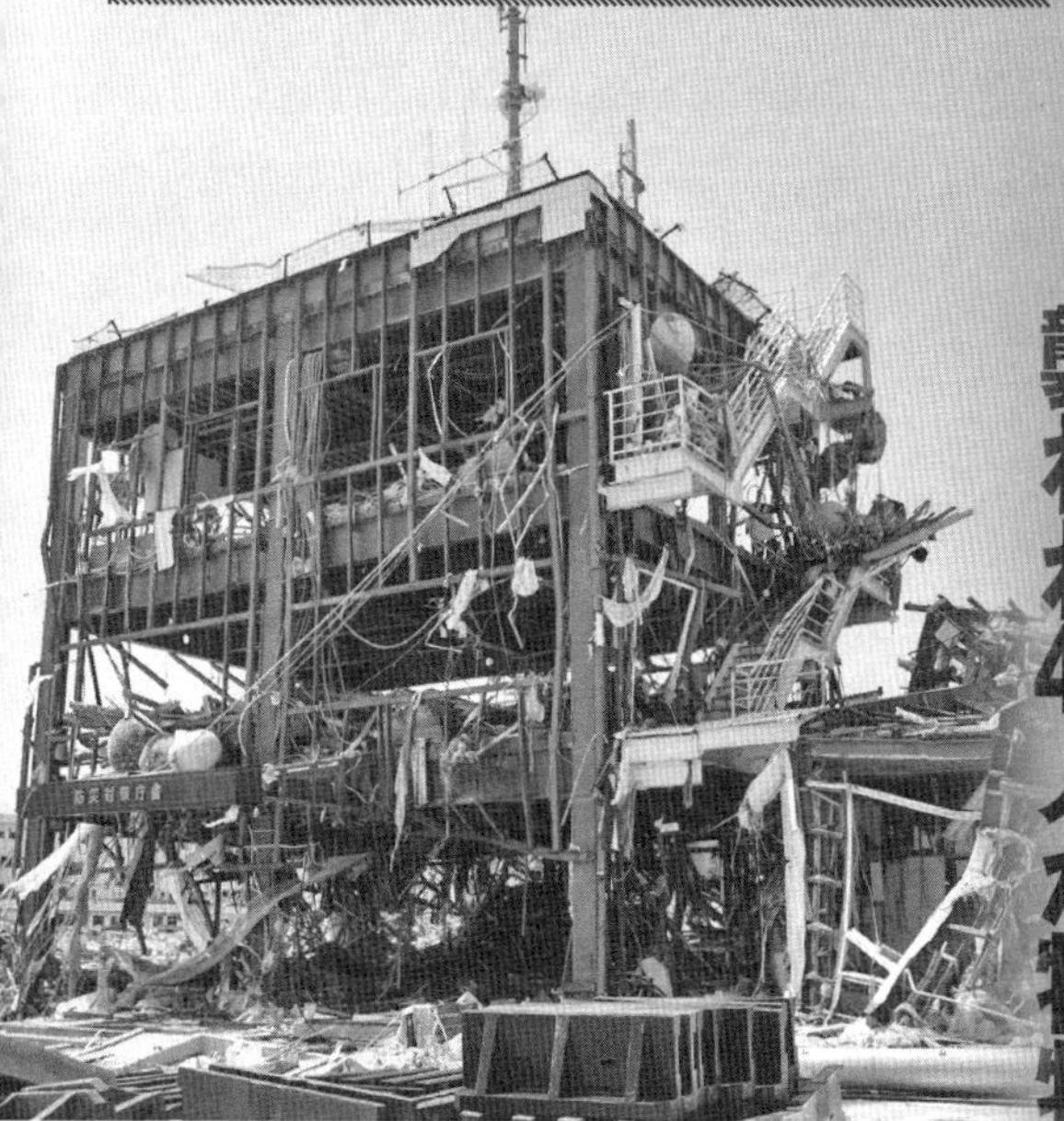

骨組みだけの無惨な姿となった庁舎

2011年3月11日に発生した東日本大震災による死者・行方不明者は、2019年3月現在で1万8千430人。宮城県では、この6割弱にあたる1万777人が犠牲となった。甚大な被害を被った県内の市町村でも、特にその名を知られるのが南三陸町だ。地震が引き起こした大津波は町内の3つの川を逆流、1千206人の尊い命を奪い去った。

同町の防災対策庁舎は1995年に建設され、地上12メートルの屋上は避難場所とされていた。地震発生当初、津波の高さは6メートルと予想されており、職員は庁舎に留まり、62回にわたり防災無線で住民に避難を呼びかけた。が、実際に襲ってきたのは、予想の2・5倍を超える15・5メートルの大津波。職員ら30人は屋上に避難したが、屋上の床上約2メートルの高さまで津波が押し寄せ、庁舎は骨組みだけに。アンテナにしがみつくなどして波に耐えた11人が生還したものの、結果的に職員・住民43人が犠牲となる。

その後、被災庁舎は解体か保存かで意見が分かれたが、震災から20年後にあたる2031年まで震災のモニュメントとして県有化されることが決定。2019年4月現在、復興工事のため現地は立ち入り禁止で、対岸の献花台より庁舎建物を眺めることができる。

津波が引いた直後の庁舎屋上。アンテナにしがみつくなどしていた11人だけが助かった。後ろの建物は75人の死者・行方不明者を出した公立志津川病院

公式には「休園中」だが
実質、廃墟化している

ウェスタン村

栃木県・日光市

放置された人形が 不気味なオーラを

イタズラで顔面を破壊された保安官

酒場のマスターも放置されたままま

ウェスタン村は1974年、栃木県日光市（東武鬼怒川線新高徳駅から徒歩約10分）に開業、敷地内に西部開拓時代のアメリカの世界観をテーマにした施設を再現し、西部劇のアトラクションショーなどを実施していたテーマパークだ。開園当初は多くの入場者を集めたものの徐々に人気が低迷、入園料値下げなどの対策も実らず、2006年12月に施設メンテナンスを理由に冬期休業することを発表。その後、従業員を全員解雇したこと、土地建物の差し押えを債権回収業者が東京地裁に申し立てていることが新聞で報じられ、資金難により営業再開ができない状況が明らかになった。

施設は〝長期休園〟として解体されずに今も残っているが、その姿は廃墟同然だ。荒れ放題の教会、貸し馬車屋、保安官事務所、酒場などの建物、放置された数多くの人形、止まったままの蒸気機関車、さらには休園直後から不法侵入が横行し、施設やマネキンの一部が破壊されている。廃墟となったテーマパークはどこも無惨だが、ウェスタン村はリアルさが売り物だったぶん、余計に不気味さを漂わせている。

参考サイト「自由研究」 http://www.jiyukenkyu.ne.jp/

御巣鷹山慰霊碑（昇魂之碑）

群馬県・上野村

御巣鷹山慰霊碑（昇魂之碑）。高天原山の尾根に建てられている

日航機墜落現場に眠る犠牲者520人の霊

524人乗り日航機墜落

長野・群馬

羽田発大阪行き 大破、全員絶望か

「ドア破損」と連絡直後

河本特命相が辞表

商工中金

航空機事故史上最悪の惨事となった（1985年8月13日付け、朝日新聞朝刊より）

１９８５年８月12日18時56分、羽田発伊丹行の日本航空１２３便が、群馬県多野郡上野村の高天原山《たかまがはらやま》の尾根（通称・御巣鷹《おすたか》の尾根）に墜落した。お盆の帰省ラッシュが重なったことで座席は満席。乗員乗客５２４人のうち５２０人が死亡する世界最悪の航空機事故となった（２０１９年４月時点で、単独機事故としての死者数は史上最多）。

御巣鷹山慰霊碑（昇魂之碑《しょうこんのひ》）は墜落現場である御巣鷹の尾根に、事故の翌年１９８６年に犠牲者の霊を弔う目的で建立された。スゲノ沢・登山口から山道を約30分歩くアクセス困難な場所にあるが、毎年８月12日の慰霊登山には多くの人が現地を訪れている。

また、慰霊碑から約16キロ離れた1千５００坪の土地には「慰霊の園」と呼ばれる追悼施設が設置されている。８キロ彼方に御巣鷹の尾根を拝む慰霊塔、身元識別不可能として荼毘《だび》に付された犠牲者の遺骨が１２３の壷に納められた納骨堂、当時のニュース映像や地元で対応をした元消防団員らのインタビューが見られる映像設備などを設けた展示棟など、犠牲者追悼の意味でも事故を知る意味でも、実に貴重な場所だ。

慰霊の園で毎年８月12日に行われる追悼慰霊式では、犠牲者の数と同じ５２０本のろうそくに火が灯され、墜落時刻の18時56分を迎えると多くの参列者が黙祷を捧げている。

御巣鷹の尾根にはこんな墓標も

事件現場。左端の最上階角部屋が
加害者宅、2つ隣が被害者宅

旧フィットエル潮見918号室

東京都・江東区

江東マンション神隠し殺人事件の現場

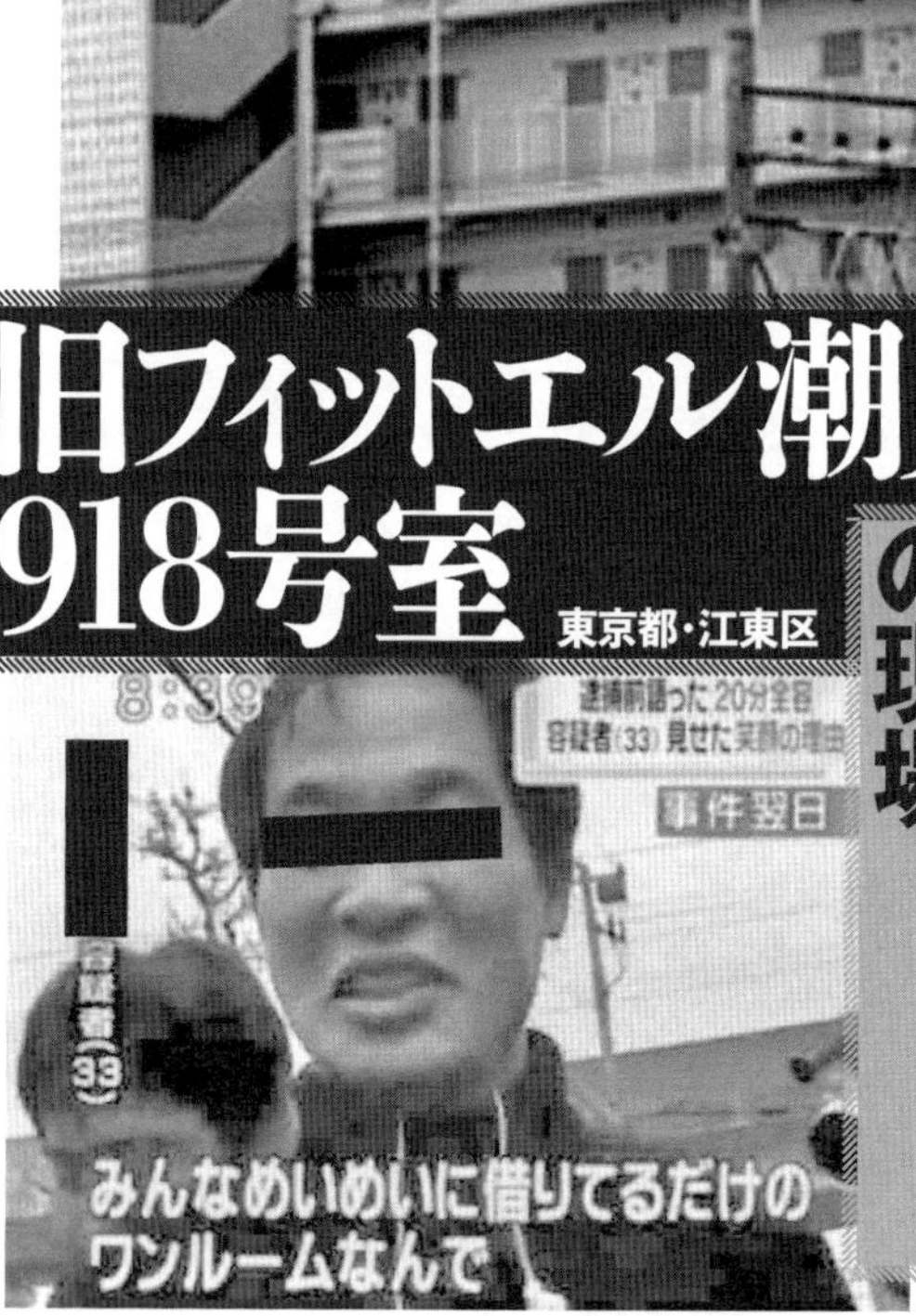

逮捕前、犯人がテレビの取材に答えていたことでも話題に。裁判では無期懲役の判決が下った

２００８年4月18日、当時23歳の会社員の女性が東京都江東区の自宅マンションから忽然と姿を消した。自室の玄関に少量の血痕が残った状態であったことに加え、マンションに設置された監視カメラの記録に被害者女性が建物から外出した形跡がないことから、「神隠し事件」として、メディアは大きな扱いで事件を報じる。１ヶ月後、被害者女性宅の２つ隣の部屋に住む当時33歳の男性派遣社員が容疑者として逮捕された。男は被害者女性を〝性奴隷〟にする目的で自室に誘拐・監禁。包丁で刺殺後、遺体をバラバラに切断し、トイレに流していた。

このおぞましき犯行の舞台となったのが、京葉線潮見駅から徒歩5分にあるマンション、フィットエル潮見９１８号室だ。２００７年築の全戸数１５０戸の大型マンションで、事件当時は新築ながらも3分の1が空室だったという。

賃貸サイトに掲載されているマンションの室内

事件後、マンションは名前を変えたが、現在も同じ場所に建ち入居者を募集している。22・5平米の１Kで家賃は７万円から。事件のあった最上階９階の部屋は７万４千円だ。参考までに不動産屋に事件との関連を聞いたところ、「オーナーさんに、入居者の方を広く募集したいという意向があると認識している」とのこと。現在、加害者、並びに被害者が住んでいた部屋に入居者がいるか否かは、返答が得られなかった。

1882年（明治15年）に開館した
日本の「最初で最古の軍事博物館」

遊就館

東京都・千代田区

戦争肯定の論理で覆われた恐怖の展示物

壁を埋め尽くした
4千枚を超える戦没者の
遺影にはA級戦犯、
東條英機の姿も

展示物に勇ましさが強調されているのが特徴

東京・靖国神社境内にある遊就館《ゆうしゅうかん》。ここを単なる戦争関連の品々を展示した軍事博物館だと思ったら大間違いだ。遊就館に戦争への反省、平和への思いはかけらもない。先の戦争は正しい戦争だった、自衛戦争だったとする、いわゆる〝靖国史観〟で覆われている。

例えば、日露戦争パノラマ館では、室内のスクリーン三面に戦闘風景の写真が映像で映し出され、兵士の雄叫び、とどろく大砲と軍靴の効果音にまじって軍歌が流れてくる。日中戦争の展示では、中国の「排日運動」や蒋介石《しょうかいせき》の戦術などが戦争の原因とされ、中国側の「在留日本人殺害」などの暴虐が強調される。最も力を入れているのが太平洋戦争の展示だ。そこでは開戦や終戦が遅れたことの責任は、政府や軍部にはなく、当時の米大統領ルーズベルトにあると断定している。

映像ホールの「私たちは忘れない」のビデオ上映で流れるナレーションも驚きだ。「侵略戦争だったという人がいます。虐殺をしたという人もいます。それは戦後、日本弱体化の占領政策を推し進めたアメリカの言い分を、今日まで信じ込んでいることに、大きな原因があるのです」

軍事マニアには興味津々の場所かもしれない。が、多少なりとも歴史を知っていれば、遊就館の展示には大きな疑問を感じるだろう。

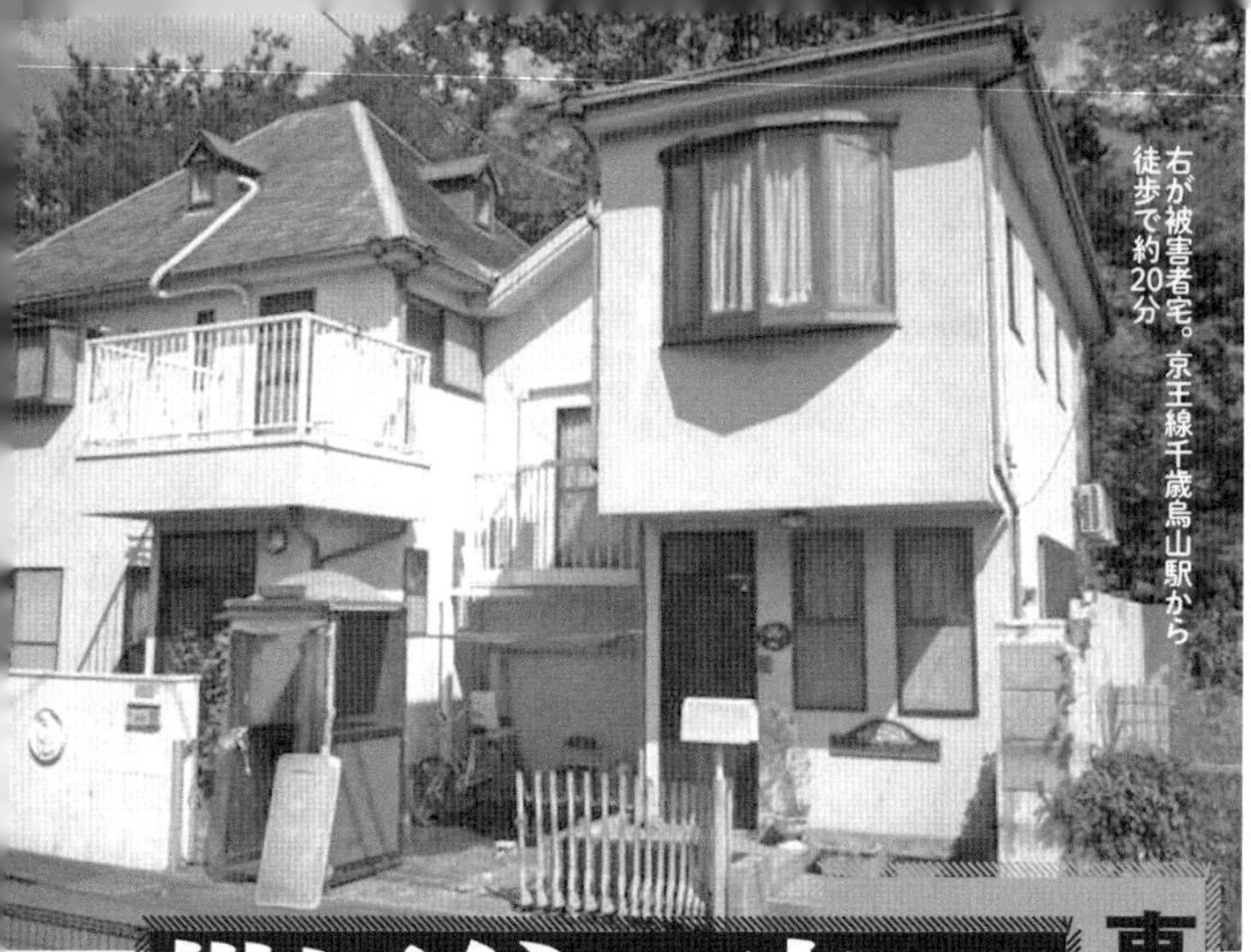

右が被害者宅。京王線千歳烏山駅から徒歩で約20分

事件から19年後の今も被害者宅は現存

世田谷一家殺害事件現場

東京都・世田谷区

殺された宮澤さん一家4人

２０００年12月30日23時頃から翌31日の未明にかけて、東京都世田谷区の戸建て住宅で、会社員・宮澤みきおさん（当時44歳）、妻（同41歳）、長女（同８歳）、長男（同６歳）の一家４人が殺害される事件が起きた。20世紀最後の日に発覚した年の瀬の犯行だったことや、犯人の指紋や血痕など個人を特定可能なもの、靴の跡の他、数多くの遺留品を残している点、子供もめった刺しにする残忍な犯行、さらに殺害後に長時間現場に留まった可能性が高いこと、パソコンを触ったりアイスクリームを食べたりするなどの異常な行動など、多くの事柄が明らかになっていながら、いまだ犯人逮捕には至っていない。

事件発覚当時の現場

世田谷区上祖師谷三丁目の被害者宅は、２０１９年4月現在も残されている。殺人が起きた家屋は取り壊しとなるケースも珍しくないが、被害者遺族の事件を風化させたくないという思いから、そのままの状態で保管されているようで、現場を訪れた人の報告では、警察官が24時間警備しているという。１日も早い事件解決を願ってやまない。

JR新小岩駅

東京都・葛飾区

ウィキペディアの「自殺の名所」にも名前が載るJR新小岩駅。同駅は2018年12月、自殺防止のためホームドアを設置した

日本最悪の鉄道自殺スポット

2011年7月、女性が壮絶な飛び込み自殺を図った際の警察の現場検証。
後方に停車しているのが、女性が飛び込んだ成田エクスプレス

全国の鉄道会社が国土交通省に提出した文書をもとに２００５年から２０１４年の10年間で、未遂を含む自殺者を集計したところ、最も多い路線はＪＲ中央線で、中でも西八王子駅がワースト１であることが判明した。公式の発表はこれが最新だが、サイト「鉄道人身事故データベース」によると、２０００年から２０１８年までの集計で最も人身事故（自殺）が多いのはＪＲ総武線の新小岩駅で、９年間で51件とダントツ。以下、川崎駅（43件）、新宿駅（41件）、西八王子駅（36件）、八王子駅（35件）と続く。

新小岩駅で自殺者が急増するようになったのは、２０１１年７月、45歳の女性が通過中の成田エクスプレス（以下ＮＥＸ）に飛び込み５、６メートル離れた売店まで弾き飛ばされた事故がメディアで大きく取り上げられたことが原因とされる。自殺に関する大きな報道があった後に自殺者数が増加する、いわゆる「ウェルテル効果」だ。

新小岩駅の特徴の一つは、ホームの横スレスレをＮＥＸが時速１２０キロの猛スピードで通過するという点だ。実際、飛び込みが多発しているのも、ＮＥＸが通過する３、４番線のホームである。特に４番線は視界が開けており、自分に向かってくる電車がよく見えるので、吸い込まれるような感覚を受けるのかもしれない。

道了堂跡

東京都・八王子市

老婆のすすり泣く声と女子大生の霊が

この地で過去に2つの殺人事件が

道了堂跡《どうりょうどうあと》とは東京都八王子市鑓水《やりみず》の、現在の大塚山公園内にある絹の道に関係する文化財である。１８７４年（明治７年）、鑓水村の商人が中心となって、峠を通る旅人や村内の安全のために、村でも見晴らしの良い峠の上に、浅草花川戸から道了尊を勧請《かんじょう》し、道了堂を創建。地元の人々の信仰を集めて繁栄したが、しだいに荒廃し、１９８３年に堂が撤去され、現在は礎石の跡と石の灯篭《とうろう》などがわずかに残るのみだ。

この場所で過去に2件の殺人事件が起きた。一つは１９６３年、道了堂の管理人の82歳の老婆が強盗目的で殺害された事件。もう一つは１９７３年、立教大学の助教授が不倫関係にあった女子大生を殺害、遺体を道了堂付近に埋めた事件だ。現地では被害に遭った老婆のすすり泣く声が聞こえる、女子大生の霊が出没するといった噂が流れている。

多くの者が身を投げたとされる御主殿の滝

八王子城跡

東京都・八王子市

豊臣軍に敗れ城下の川は三日三晩血に染まった

八王子城跡は、一見何の変哲もない史跡である。が、この地は過去の合戦で大量殺戮があったことから、関東でも有数の心霊スポットになっている。

1590年（天正18年）、豊臣秀吉が後北条氏を攻撃した小田原征伐の一環として、八王子城は豊臣方の軍勢1万5千人に攻められ、わずか1日で落城した。合戦による死傷者は非戦闘員も含め1千人以上。落城の間際に城主の北条氏照は兄・氏政とともに切腹、多くの婦女子が自らの喉を短刀で突き、その身を御主殿の滝に投じた。結果、滝から流れる川は三日三晩赤く染まったという。

その後、新領主となった徳川家康によって八王子城は廃城となったが、悲劇の史実は江戸時代の書物で「晴れたときでも、落城の日は雲が立ち込めて、剣の音が響き、悲鳴が聞こえる」など怪異として記され、今も現地では、川に身を投げた女性の泣き声が聞こえたり、生首が目撃されたといった噂が絶えない。

青木ヶ原樹海

山梨県・富士河口湖町、鳴沢村

世界で最も知られた「自殺の名所」

樹海内の遊歩道を200〜300メートル離れると完全に道に迷い、自殺遺体もここで見つかるケースが多い

死を思い止まるよう促す看板が至るところに

２０１６年、「追憶の森」というアメリカ映画が公開された。妻に先立たれた男性（マシュー・マコノヒー）が生きる気力を失い、死に場所を求め彷徨う姿を追った作品だ。劇中で、彼がネットで自殺場所を探すシーンがある。検索に使ったワードは「the perfect place to die」（死ぬのに最も適した場所）。そこで最初にヒットするのが「Aokigahara Forest」。すなわち青木ヶ原樹海である。

青木ヶ原は、山梨県富士河口湖町・鳴沢村にまたがって広がる面積30平方キロメートルの原野だ。なぜ、ここが世界でも有数の自殺スポットになったのか。実は、そこに大きな理由はなく、小説やドラマで数多く「自殺の名所」として取り上げられてきたことに起因する。つまり、青木ヶ原樹海に行けば、人知れず死ねるというイメージが定着し、自殺希望者がこぞって現地に足を運んだのだ。実際、人口10万人あたりの自殺者数は、２００７年から２０１４年まで8年連続、山梨県が全国ワースト1位。その後２０１７年までの3年間は秋田県にワースト1位の席を譲ったが、いまだ青木ヶ原樹海が自殺の世界的名所であることは紛れもない事実である。

映画「追憶の森」では
「the perfect place to die（死ぬのに最も適した場所）」
として青木ヶ原樹海が舞台に
©2015 Grand Experiment, LLC.

跡地に建つ慰霊碑。事件をうかがわせる文言は一切ない

オウム真理教サティアン跡地

山梨県・富士河口湖町

広大な公園に小さな慰霊碑が一つ

オウムの元拠点に整備された富士ケ嶺公園（下）と、サティアンがあった当時の旧上九一色村（左）。同じ富士山も見る印象がまるで違う

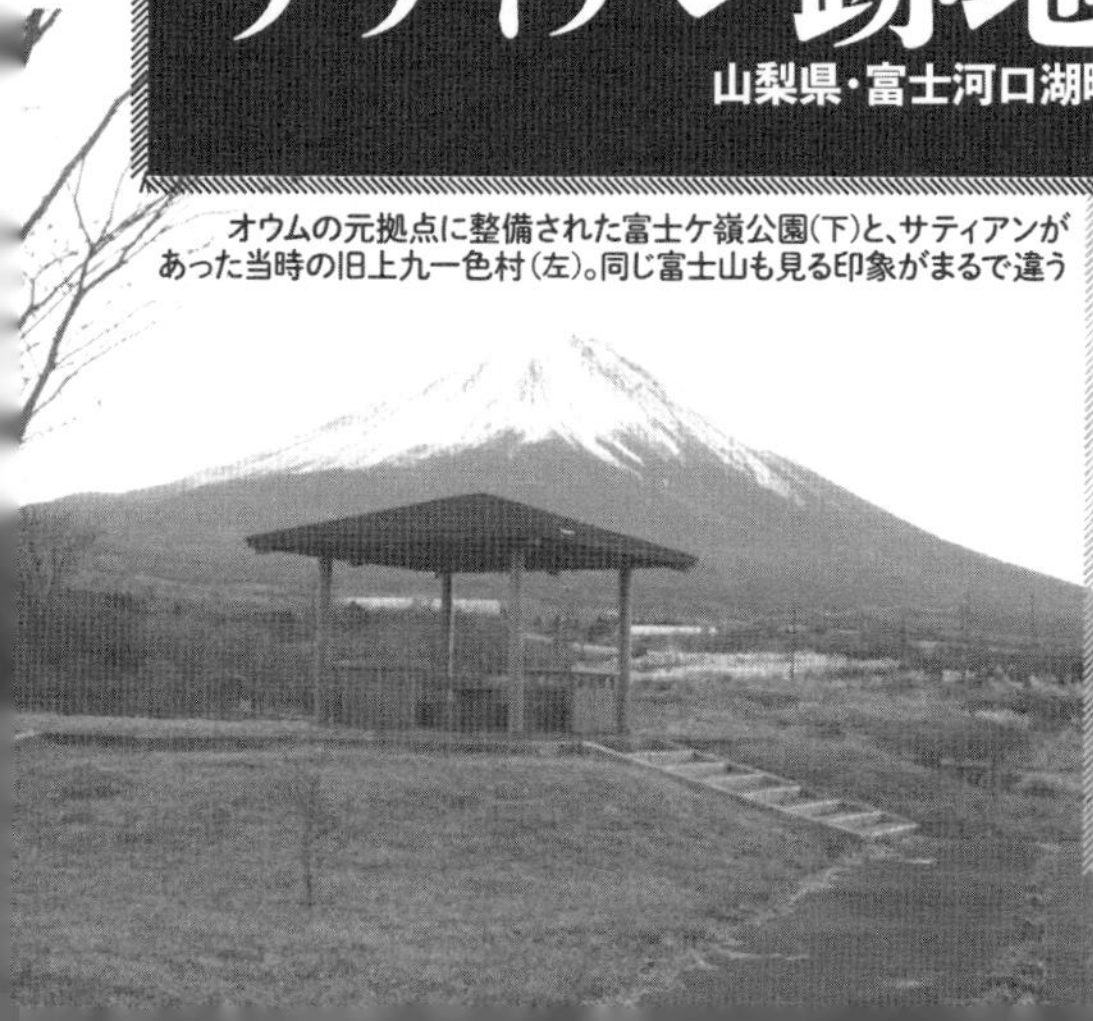

2018年7月、麻原彰晃元教祖をはじめとするオウム真理教幹部13人が処刑された。同じく13人の犠牲者を出した地下鉄サリン事件から23年後の死刑執行だった。

かつて日本中を震撼させたオウム真理教が、山梨県上九一色村《かみくいっしき》一帯にサティアンと呼ばれる多数の信者を収容する施設を建設し始めたのは1989年。最盛期にはサティアン（第1～12まであった）やその他倉庫群、プレハブなどが30棟以上点在し、事実上、オウムの犯罪の拠点となっていた。

1995年5月16日、警視庁の大規模家宅捜索により麻原が逮捕されて以降、全てのサティアンが閉鎖、取り壊され、上九一色村はイメージ回復のため、1997年にテーマパーク「富士ガリバー王国」を誘致したが、経営難により2001年10月、閉鎖に追い込まれる。3年後の2004年8月には、愛犬家が犬と遊ぶための施設「ザ・ドッグラン」がオープンしたものの、翌2005年には営業停止。今は、上九一色村の地名自体も消滅し、他市町村と合併して富士河口湖町に名称変更された。

現在、サティアンがあった約7千平方メートルの広大な土地には、富士ケ嶺公園が整備されている。公園西側には、亡くなった信者を供養する高さ1メートルの慰霊碑が建立されているが、慰霊碑には事件に関連する文言は一切なく、ここがオウムの拠点だったことは、見た目ではうかがい知れない。

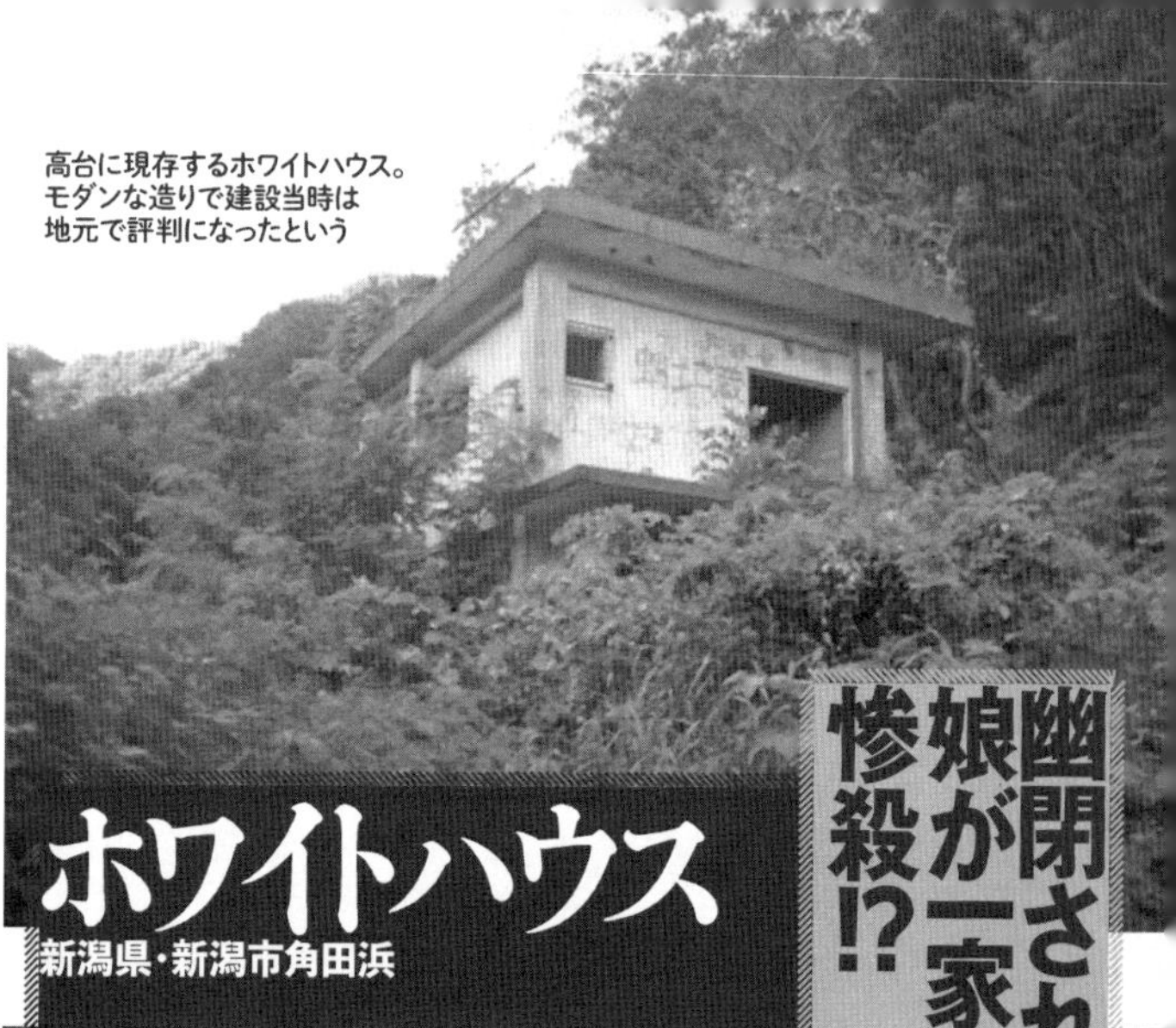
高台に現存するホワイトハウス。
モダンな造りで建設当時は
地元で評判になったという

幽閉された娘が一家を惨殺!?

ホワイトハウス

新潟県・新潟市角田浜

少女が幽閉されていたとされる2階の部屋。
窓には鉄格子が

屋内は荒れ放題

新潟県新潟市の角田浜《かくだはま》にある廃墟「ホワイトハウス」は、県内でも有数の心霊スポットとして知られる。戦前、この家で惨殺事件が起こったという噂があるのだ。

昭和初期、角田浜に外交官の父、妻、娘、息子の4人家族が東京から引っ越してきて、白い洋館を建てた。当時、日本家屋しかない角田浜に建ったこの家は、地元民の間でもかなりの話題になったという。外交官一家が角田浜のような北国の片田舎に越してきたのは、9歳の娘の精神的療養のためと言われる。彼女は多重人格者だったそうだ。

ところが、転居したことで娘の容態は良くなるどころか、逆に悪化。家族は、手に負えなくなった彼女を洋館の2階に隔離したという。結果、娘はさらに精神を蝕《むしば》まれ、ついに、家族全員を惨殺、村民までをも殺し失踪したそうだ。その後、主を失った洋館の廃墟には、夜な夜な少女の幽霊が目撃されるようになったというのだが…。

この話の信憑性はかなり低い。外交官一家が住んでいたことは事実だが、惨殺事件などなく、地元では少女は病死したと言われている。真偽のほどはともかく、ホワイトハウスは現在もその姿を残し、オカルトマニアから絶大な人気を誇っている。

草の生い茂る中に設置された石仏

おおざわの石仏の森&ふれあい石像の里

富山県・富山市

石仏が目の前の神通川を見下ろす造形もシュール

800体の石像が居並ぶホラーなスポット

ふれあい石像の里には、開設者の知人や友人たちのリアルな像が

富山市の神通川を見下ろす山間に、何百体もの石像が並んでいる。海外のサイトでも不気味すぎると話題になった「おおざわの石仏の森」だ。

富山市内に温泉施設、医療や福祉、不動産など幅広い事業を展開していた実業家・古河睦雄氏（2013年没）が、新たな富山の観光地とすべく、6億円をかけ中国の彫刻家に500体もの石仏の制作を依頼したのは1993年。出来上がった石仏は山を切り開いて作った斜面に並べられたのだが、これでは他地域にも存在する、いわゆる「五百羅漢」の寺と大差がない。そこで、古河氏はここを日本一石像の多いスポットにするため、さらに300体を追加発注。石仏の森から約800メートル離れた場所に「ふれあい石像の里」を造り、追加分を安置する。ちなみに、こちらは古河氏の友人、知人、社員などの姿形や表情を模した石像ばかりで、今にも動き出しそうなほどリアルだ。

あくまで古河氏が個人的に造った場所ゆえ宗教色は皆無だが、訪れた人々のブログには「火葬場のような雰囲気もあり遠目に見ても不気味」「ホラー映画のロケ地として使えそう」などの感想が綴られている。

参考サイト「日本珍スポット100景」 https://bqspot.com/

廃墟・人肉館の外観。現在は敷地内立ち入り禁止

人肉館

長野県・松本市

「人肉を客に提供していた焼肉屋」という都市伝説

屋内の客席があったと思われるスペース

「八仙飯店之人肉饅頭《はっせんはんてんのじんにくまんじゅう》」という1993年公開の香港映画をご存じだろうか。マカオの食堂・八仙飯店の従業員が店主の一家8人全員（このうち子供5人）を殺害し遺体を切断、さらにそれを肉饅の具にして客に食べさせるというホラーだ。

この作品、1985年に実際にマカオの中華料理屋一家10人が惨殺された事件をベースにしているのだが、ここ日本にも同じような噂が立つ怪奇スポットがある。長野県松本市浅間温泉の通称「人肉館」だ。かつて、ある一家が温泉地を訪れる観光客を目当てに焼肉屋を開いたが、その思惑とは裏腹、人里離れた場所に店を構えてしまったせいか、すぐに経営難に。肉を仕入れる資金を欠いた店主は、店の近くに来た人々を惨殺、遺体の肉を特別料理として提供したそうだ。結果、店は人気が出て業績回復へと向かったが、事件が発覚しそうになり店主は店で首を吊って自殺したという。

こんな事件が実際に起こっていれば、大ニュースになっているはずだが、該当する事件はどこにもない。あくまでネット上で作り上げられた都市伝説というのが真相のようだ。件《くだん》の焼肉店の建物は今も残っており、訪れる廃墟ファンも少なくない。

調理場。ここで人肉が…!?

各部屋の壁に、こんな絵が

ホテルセリーヌ

長野県・信濃町

室内の壁に不気味な妊婦の絵が

廃墟となったホテルセリーヌの外観

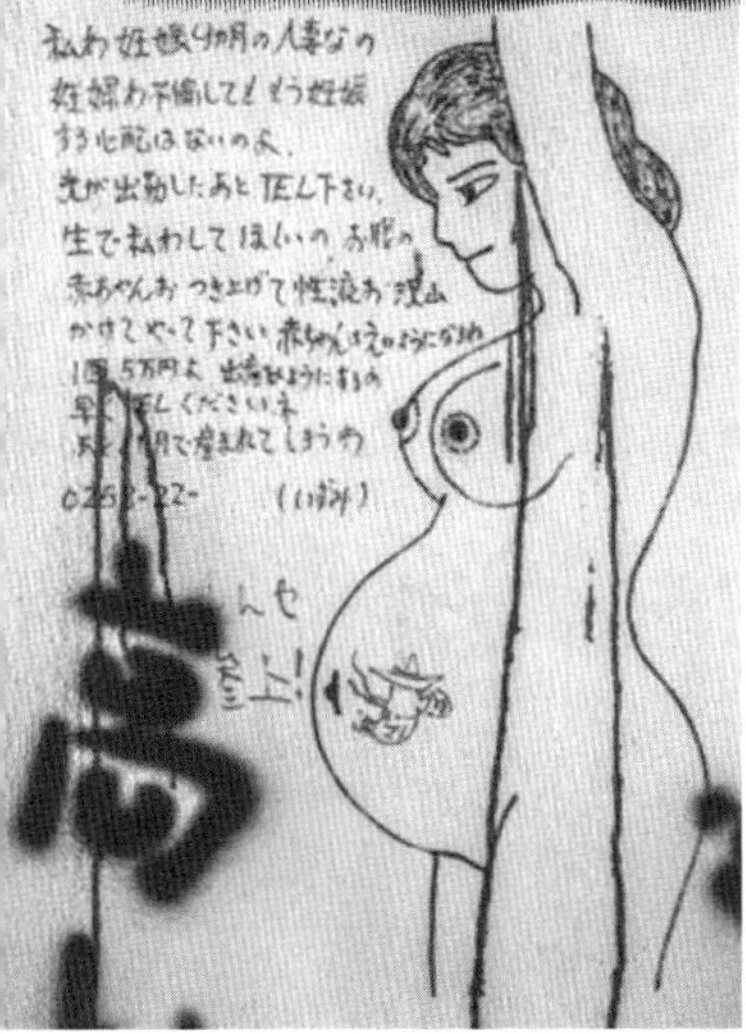

妊婦を描いているのは、その絵柄、文言から同一人物と思われる

長野県信濃町野尻湖のすぐ近くに、県内でも有数の心霊スポットがある。ホテルセリーヌ。廃墟となったラブホテルだが、ここが有名なのは、室内の壁に不気味な妊婦のイラストが描かれている点だ。臨月間近の女性の全身、膨らんだお腹に突き刺された包丁。絵に添えられた文章も怖い。

「私わこの10号室で3人の男に体お乱交されて、お腹に生暖かい精液を一晩中射精されて、こんなお腹になったのよ。誰の子供か分からないの。臨月なのよ」(原文ママ)

噂ではこの女性、強姦されたショックで自殺し、霊となってホテル内を彷徨っているというのだが、他の部屋には同じタッチの絵と文章で、売春を持ちかけてくる文言と電話番号が書かれているものもあり、悪質ないたずらの可能性が高い。ただ、荒廃した屋内もあいまって、妊婦の絵が実に不気味な雰囲気を醸し出していることも事実だ。

他にも、このホテルには、駐車場でホームレスがリンチを受け殺された、とある部屋にオーナー夫妻の写真があり話しかけてきて逃げられない、全ての部屋で仰向けの状態で亡くなった男女が発見された等々、不気味な噂が数多くある。

供養のために奉納された人形が2万体

淡嶋神社

和歌山県・和歌山市

物言わぬ姿がなんとも不気味

境内には所狭しと無数の人形が

和歌山市加太にある淡嶋神社は、全国にある淡島神社・粟島神社・淡路神社の総本社だ。2月8日の針祭、3月3日のひな流しなどでも有名だが、特筆すべきは境内一円に奉納された2万体ともいわれる無数の人形である。ひな人形や市松人形、はてはフランス人形までもが所狭しと並べられたその光景はもはやホラーと言ってもいいだろう。境内の地下には霊現象を見せる、髪の毛が伸び続けるなどのいわくつきの人形が多数安置されており、心霊スポットとしてネットで取りざたされることも多い。

2016年9月、この神社に騒動が起きた。ユニバーサル・スタジオ・ジャパン（以下USJ）が開設した迷路型お化け屋敷「祟 TATARI ～生き人形の呪い～」に、淡嶋神社の人形600体を貸し出したところ、日本人形協会からクレームがついたのだ。曰く「日本人形を呪いや祟りといった恐怖の対象として扱っており、メーカーや小売業者への営業妨害になる」というもので、抗議はUSJのみならず、淡嶋神社にも向けられた。USJとしては、あくまでリアリティの追求が目的だったようだが、ネットでは「やり過ぎ」の声も数多く寄せられた。

USJのお化け屋敷「祟 TATARI～生き人形の呪い～」に貸し出された淡嶋神社の人形。日本人形協会から猛抗議が

キューピーの館

岡山県・岡山市

赤ちゃんの人形が天井から吊るされた恐怖の廃屋

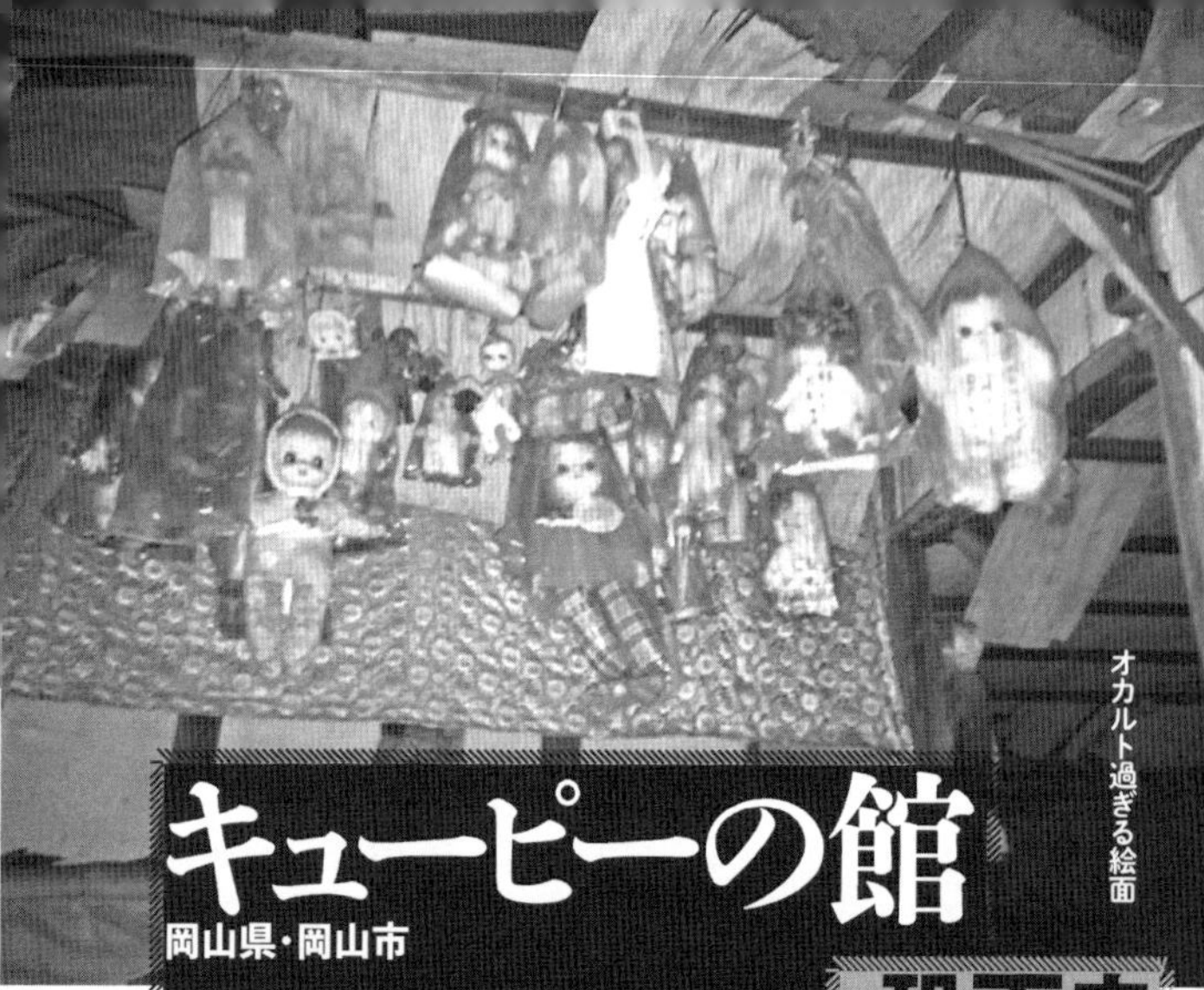

オカルト過ぎる絵面

当の廃屋は樹木が生い茂った森の中にある

床にも朽ち果てた人形が無数に転がっている

岡山市高松稲荷にある通称「キューピーの館」は、一度見たらその映像が頭から離れない恐怖スポットだ。日本三大稲荷の一つ、岡山・最上稲荷から、さらに陽も当たらない生い茂った樹木の中、険しい道を上った先に、その建物はある。ここがかつて神社だったことは賽銭箱が床に転がっていることからもわかる。過去には参拝客も大勢いたのだろうが、今や見る影もないボロボロに朽ち果てた廃屋だ。が、驚くべきは屋内である。天井や壁に無数の赤ちゃん人形が吊るされており、その頭は力なく垂れ下がっている。床に不気味な姿で転がっている人形は、腐って上から落ちてきたものだろう。

噂では、ここはもともと流産などで死んだ水子の霊を慰める神社だったという。自分の犯した罪への反省なのか、報われない子供たちへの供養なのか。いつのまにか、不要になった人形を収める場所になったようだ。なお、この館は物件として管理されており無断侵入や破壊・損壊、物品の持ち出しなどは法的に禁じられている。現地を訪れる際はくれぐれもご注意を。

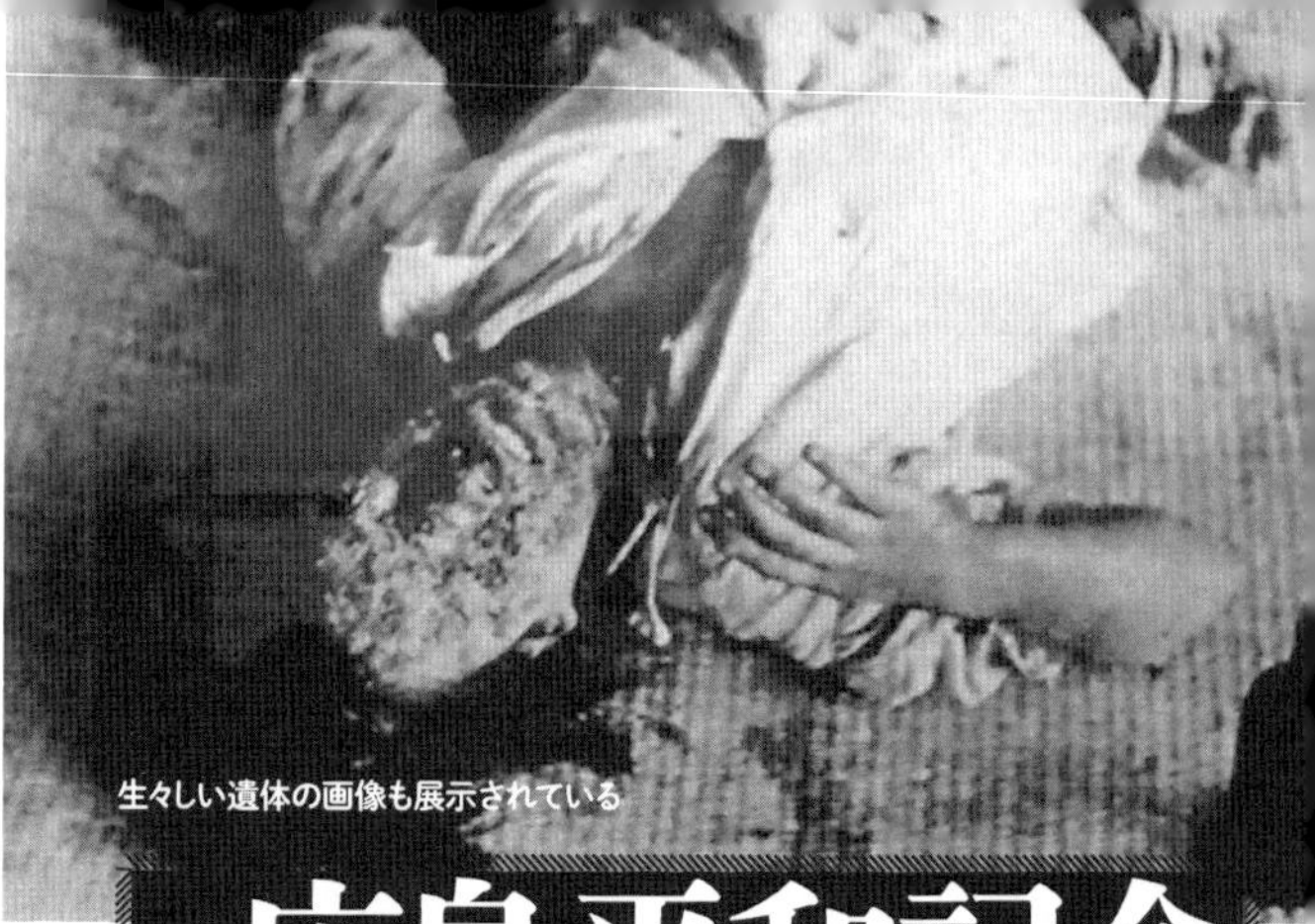
生々しい遺体の画像も展示されている

広島平和記念資料館

広島県・広島市

トラウマ必至！これが原爆の惨状だ

1945年8月6日米軍が撮影、2016年に資料館へ寄贈した原爆きのこ雲の写真

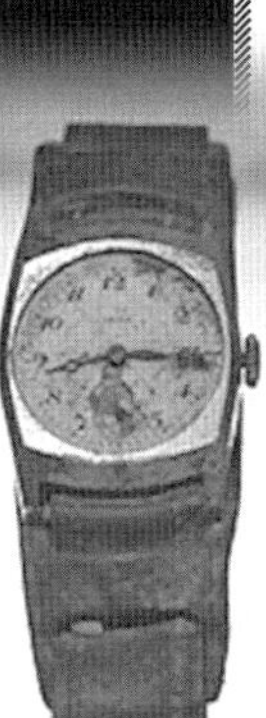
原爆投下の8時15分で止まった時計。被爆者が身に付けていたもの

世界最大の閲覧数を誇る旅行に関する口コミ・評価サイト「トリップアドバイザー」が2018年6月に発表した「日本における必見の場所トップ30」で、京都・伏見稲荷大社に次ぐ第2位に挙げられたのが広島平和記念資料館だ。以下、広島・宮島、奈良・東大寺、東京・新宿御苑と続くが、米国人による評価では記念資料館が1位。原爆を落としたアメリカの国民に大きな関心が寄せられていることは実に興味深い。

約16万6千人の尊い命が奪われた広島原爆の惨状を後世に伝えるため1955年に開設された当資料館は、我々日本人が必ず訪れなければならぬ場所だ。が、軽い気持ちで足を運ぶと、そのあまりに残酷な現実に言葉を失うこと必至だ。被爆直後の広島市中心部のパノラマ模型、全身に大やけどを負い死亡した3歳児が乗っていた焼け焦げの三輪車、ケロイド状の人物写真、原爆投下の8時15分で止まった時計、被爆した女性の抜けた頭髪など、どの展示物もショッキングなものばかりだ。

だからこそ、この目に焼き付けなければならない。戦争がこれほど悲惨であるという現実を。

自宅前で乗って遊んでいる際に被爆、3歳で亡くなった男の子「伸ちゃんの三輪車」

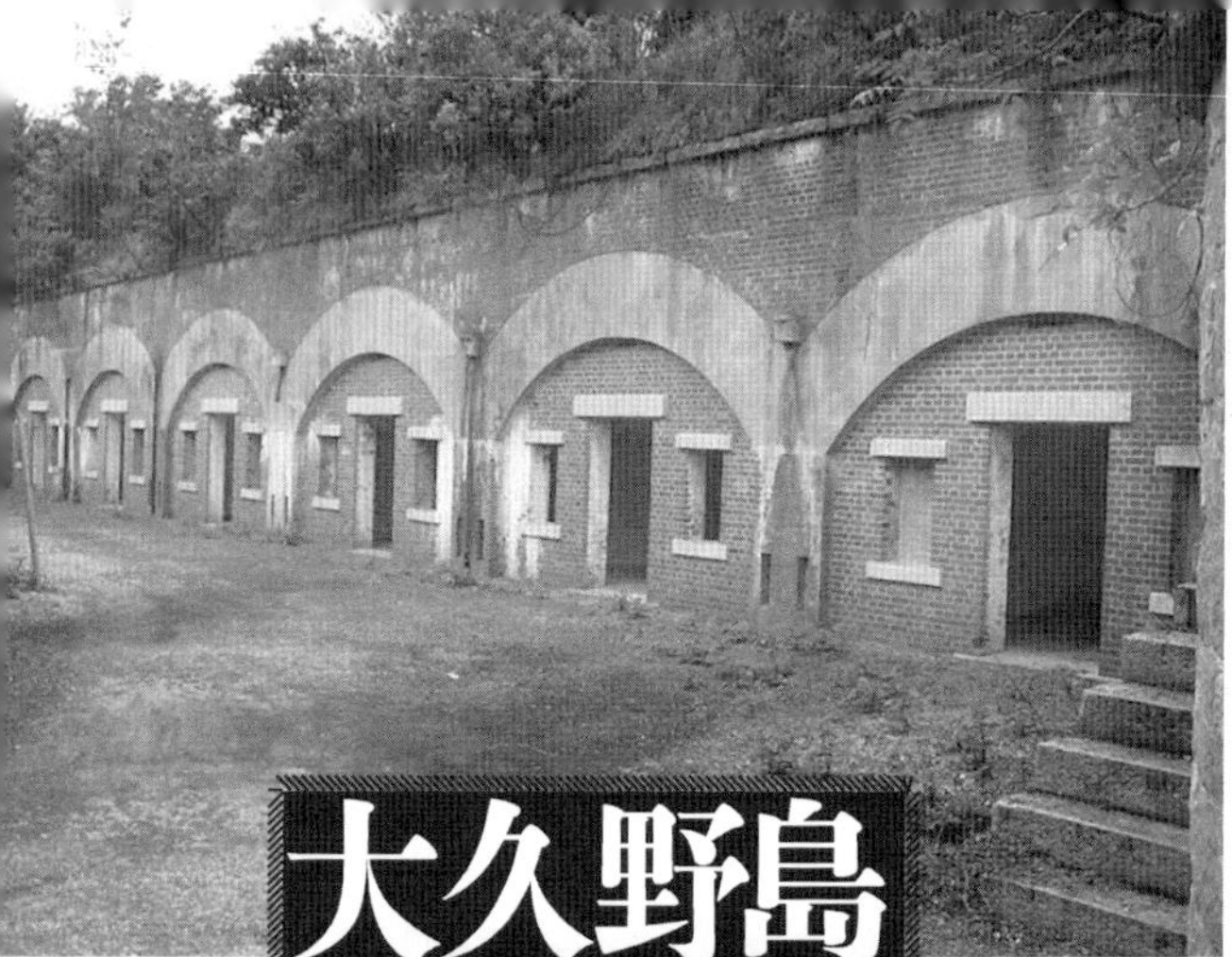

毒ガスの貯蔵倉庫として使われていた施設跡

大久野島

広島県・竹原市

地図から消された毒ガス島

毒ガスが製造されていた当時の様子

廃墟となった工場跡にウサギが。大久野島は「ウサギの島」としても知られ、２０１８年時点で生息数は９００羽を超える

大久野島《おおくのしま》は、広島県竹原市忠海町の沖合い3キロの瀬戸内海に浮かぶ、周囲4・3キロの小さな島だ。島内には９００羽もの野生ウサギが放し飼いにされ、観光に訪れる人も少なくない。

この、のどかな島には暗い歴史がある。第二次世界大戦敗戦までの約18年間、毒ガス兵器を製造する拠点として化学工場が置かれ、多くの人々が労働に就いていたのだ。

後に「毒ガス島」とも称される大久野島で化学兵器が作られ始めたのは１９２７年（昭和2年）。島全体が陸軍の管理下に置かれ、地元の農民や漁民、学徒勤労動員ら6千５００人が一定の養成期間を経て工場に送り込まれた。当然ながら毒ガス製造はトップシークレットで、機密保持のため敗戦まで大久野島は地図から消されたという。従事者らは、憲兵から島で見聞きしたことを外部に話すことを禁じられ、戦後は毒ガス工場で働いた事実が明るみに出て、自身や子供が差別されることを恐れたそうだ。

毒ガス島の存在を世間が知るのは、戦後40年近く経った１９８４年のこと。それから4年後の１９８８年、大久野島に毒ガス資料館が開設され、現在約６００点の関連資料を展示している。また、島内には今も化学工場などの施設跡が残り、当時の様相を伝えている。

チビチリガマ

沖縄県・読谷村

中に逃げ込んだ住民140人のうち83人が死に追いやられたチビチリガマの入り口。川が尻切れる場所にあったことから「チビチリ」（尻切れる）の名が付いたと考えられている

住民83人が集団自決

1945年4月1日、読谷村の海岸に上陸する米軍。悲劇はこの翌日に起きた

太平洋戦争唯一の地上戦の舞台となった沖縄には、現地の方言で「ガマ」と呼ばれる自然洞窟が数多く存在する。戦時、住民や日本兵の避難地として、また野戦病院として利用された場所である。

米軍が沖縄に無血上陸を果たしたのは1945年4月1日。場所は本島中部の読谷村《よみたんそん》の海岸である。激しい攻撃にさらされた住民はチビチリガマに身を隠した。チビチリガマは、同村波平《なみひら》の集落から西へ500メートル、深さ10メートルほどのV字型の谷の底にあった。米軍が上陸した海岸からは約800メートルの内陸である。

悲劇は翌4月2日に起きる。生か死か、騒然とするガマの中で1人の男性がふとんや毛布などを山積みにして火をつけた。中国戦線の経験を持つ男性は、日本軍が中国人を虐殺したのと同様に、今度は自分たちが米軍に殺されると思い込み「決死」の覚悟だったようだ。当然のように壕内は混乱した。「自決」を決めた人々と活路を見出そうとする人たちが争いとなったが、結局多くの人々が燃え広がる炎と充満した煙の中、「天皇陛下万歳」と叫びながら死を選ぶ。その数83人。中には3歳や5歳の子供も含まれていたという。ちなみに、この事実が明らかになったのは1983年のことだ。

集団自決から四分の三世紀。ガマの中には今もさび付いた包丁や鎌の刃などがそのまま残されているという。が、遺族会の許可がない限り、内部に立ち入ることはできない。

現在、チビチリガマには修学旅行生を中心に、毎年1万人以上が訪れている。

千駄ヶ谷トンネル

東京都・渋谷区

都内屈指の心霊スポット

トンネル上部から逆さまの女性が……

JR千駄ヶ谷駅からほど近い外苑西通りに全長たった61メートルのトンネルがある。都内屈指の心霊スポット、千駄ヶ谷トンネルだ。ここは、もともと仙寿院という寺の墓地があった場所で、1964年に開催された東京五輪のために建設されたのだが、工事の日程の都合で当初予定されていた墓地の移転は行われず、墓の下を通る構造のトンネルとして誕生した。以来、この場所では様々な怪奇現象が報告されている。

●トンネルの上部から女性が逆さまの状態で現れる。

●白い服を着た足の無い女性が歩いていた。

●トンネル近くのビクタースタジオで録音された、岩崎宏美の「万華鏡」という曲に、入るはずのない声が入っている。

真相は不明だが、ネットでは、トンネル下を通る車の騒音が幽霊たちを怒らせているとの書き込みもある。

第2章 アジア・オセアニア

西大門刑務所歴史館

韓国・ソウル

植民地時代の反日抗争を再現

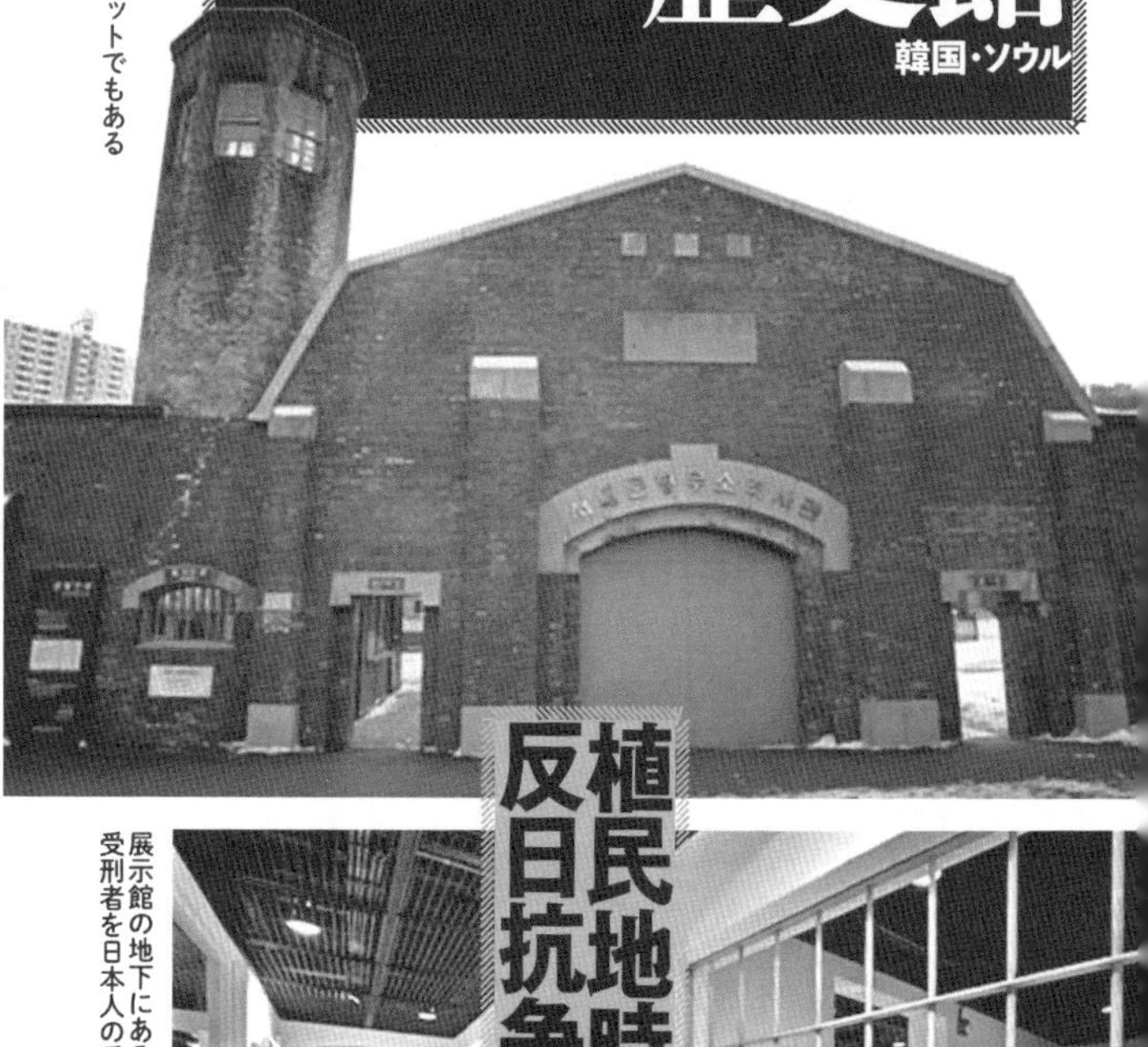

歴史館の正面入り口。ソウルの人気観光スポットでもある

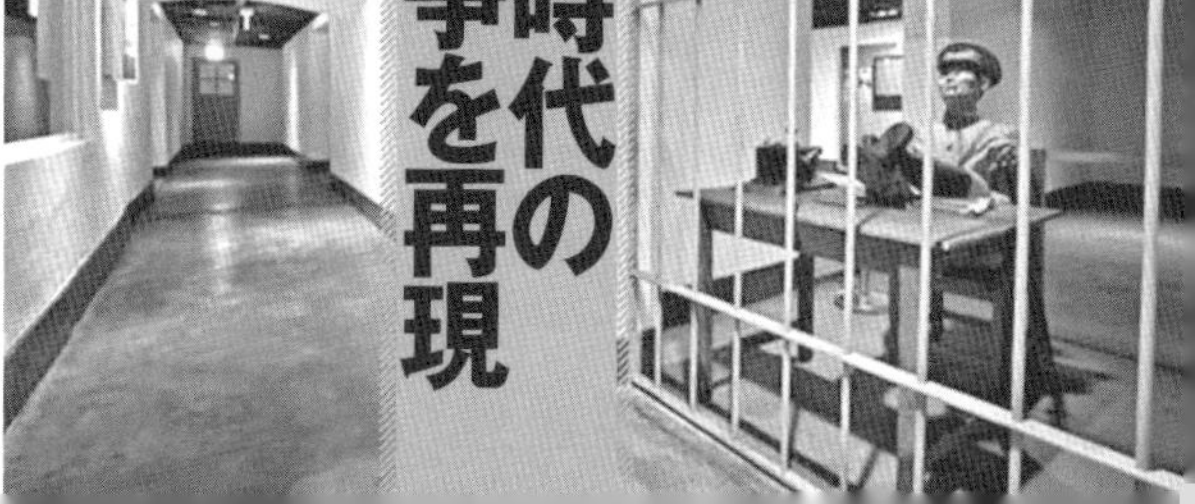

展示館の地下にある「拷問体験室」。受刑者を日本人の看守が監視している様子

かつては、写真のような展示が
数多くあり批判を受けた

韓国・ソウル中心部の西大門独立公園内にある西大門刑務所歴史館は、日本植民地時代の監獄や刑場、独立運動の取り調べの様子を史料や人形で再現した〝観光スポット〟だ。

建物は、朝鮮半島で初めての近代的な監獄として日本政府が1908年に建築。終戦までに2階建て煉瓦造りの獄舎など10数棟や死刑場、死刑囚の獄舎群が造られ、日本植民地時代に朝鮮半島に設けられた刑務所の中で最大規模を誇った。その後、1987年に刑務所としての機能は移転、閉所した後、歴史館として1998年に開館した。

現在10棟ある建物の一つ「展示館」は刑務所の元保安課庁舎で、1階は刑務所歴史室、2階は民族抵抗室。そして一番注目すべきが地下1階の拷問体験室だ。ここでは、刑務所内に設けられた拘置所や拷問室、監房、遺体を運び出す死刑場の地下部分をほぼ実物大に作り、取り調べや監視の様子が人形も使い再現されている。

ちなみに、以前この地下コーナーでは、おぞましい叫び声を上げながら、日本の軍服を着た日本人人形が韓国人を虐待している姿や、電動で日本人の腕が動き、韓国人の首もとに包丁を突き付ける様子が再現されていた。が、韓国国内からも「日本に対する憎悪と恐怖を育てる場所」と批判を受け、2010年の改修後は凄惨な拷問描写は削除された。

華山の絶叫スポット・長空桟道。
普通に死を意識できるレベルの高度

華山・長空桟道

中国・陝西省《せんせいしょう》

断崖絶壁に作られた死の登山道

目の前には絶景が広がる

急勾配の石段を登るのも命がけ

中国五名山の一つで、西遊記で孫悟空が閉じ込められていたことでも知られる華山。北峰、東峰、南峰、西峰、中峰の5つからなるこの地は、中国一スリリングな山として人気の観光スポットとなっている。

頭上に高々とそびえる岩壁の横に続く、とてつもなく長い急勾配の石段もさることながら、高さ1千メートルの断崖絶壁に作られた狭い登山道がとにかく怖い。中国・中唐を代表する文人士大夫、韓愈がここにさしかかったとき、あまりの険しさに怯み、死を覚悟して遺書を書き、谷へ投げたという伝説が残っているほどで、「死の登山道」と呼ぶにふさわしい場所だ。

中でも恐ろしいのが、山頂に建つ修道院を目指す途中にある「長空桟道《ちょうくうさんどう》」だ。写真を見てもわかるとおり、足下の幅はわずか数十センチ。鎖や命綱が設置されているものの、その様子は登山というより、もはやロック・クライミングと言っていいだろう。

ちなみにこの長空桟道では、毎月10人、年間で120人ほどが転落死しているとのことだが、それでも年間80万人ほどの命知らずな人々がここを訪れるのだという。肝試しには絶好の場所だが、高所恐怖症の方は、絶対に足を運ぶべきではない。

南京長江大橋

中国・江蘇省

開通以来1千人が身投げ

中国江蘇《こうそ》省の省都南京に全長4千589メートル、幅19・5メートル、高さ70メートルの橋がある。1968年に完成した南京長江《ちょうこう》大橋。長江の下流に位置し、欄干も特に対策もされていない環境から、ここでは人生に絶望し身を投げる人が後を絶たない。その数、通算で1千人前後。自殺者の7割が農民工だ。

1958年以降、中国の国民は都市戸籍と農村戸籍の2つに区別されてきた。その名のとおり前者は都市での生活者、後者は地元で農業に従事したり都会に出稼ぎに来ている人たちだが、両者には教育、医療、雇用、保険、住宅などに関わる社会福祉分野における待遇面で圧倒的な差がある。農民工が都会に生活を求めても、病気になったら自費。学費も補助はなく、商売をしようとしても許可書が下りず、住居も割り当てられない。そのうち、人生に悲観した人々が自ら命を絶ってしまうというのが実情のようだ。

中国政府は2014年、農村戸籍を2020年までに廃止し、1つの住民戸籍に統一するとの目標を打ち出した。果たして今後、格差が解消され自殺者が減少するのだろうか。

自殺の背景に、社会保障の問題が

住民の半分弱が小人症に冒された謎の村

鳴陽寺

中国・四川省

60年以上、成長が止まった鳴陽寺の村民たち

中国・四川省南西部の辺鄙な土地に、鳴陽寺という村がある。住民は全部で80人。このうち、なんと36人が小人症を患っているという。彼らの身長は最も高い人でも120センチに満たず、最も低い人は約63センチしかないそうだ。

もともと皆が平和に暮らしていた村に謎の疾患が襲ったのは1951年のある夏の夜のこと。子供たちは原因不明の病に苦しみ、その後、成長がピタリと止まってしまった。結果、当時5～7歳だった彼らは、後の人生を当時の身長のままで生きることを余儀なくされ、中には様々な身体障害が残った人もいるという。

いったい、何がこの村に起きたのか。多くの科学者や専門家たちが現地を訪れ、各個人の健康調査はもちろんのこと、水や土、村で穫れた穀物などの調査に取り組んだが、現在に至るまで原因は特定されていない。地元では、その昔、異様な足を持つ黒いカメを焼いて食べてしまったことへの呪いという説がまことしやかに噂されているそうだ。

チャンフンダオ・マンション

ベトナム・ホーチミン

倒壊と霊出現の危険を伴う曰く付き物件

マンションの外観。2013年、元住人の女性が当建物から飛び降り自殺している

霊は廊下でよく目撃されるという

荒廃した住居に現在も住民が暮らしている

ベトナム・ホーチミンには、1975年以前に建てられた533棟のマンションがある（2016年3月現在）。その中でも、5区727番チャンフンダオ通りに建つマンションは老朽化が特にひどく、いつ倒れてもおかしくない状態だ。この建物、倒壊の危険と同時に、心霊が現れる曰く付きの物件としてもホーチミンでは有名である。

マンションは1960年に建設された13階建て全530部屋の大型物件だ。建設中、不可解な出来事が起きた。13階を作ろうとするたび、現場の作業員が足場から落ちたり、感電したり、急性心不全に遭ったのだ。さすがに不吉を感じたのか、オーナーは建物が完成した後、13階だけは売りに出さず、ベトナム戦争時、アメリカ兵の休憩所として貸し出す。と、また事件が起きる。米兵がベトナム人の女性をここでレイプ、殺害したのだ。以降、多くの住人が建物内で女性や現場作業員の霊を目撃するようになり、大半の家族がマンションを出ていったそうだ。

老巧化したマンションは現在、内部でゴミやカビ、動物の死体の臭いなど強烈な臭気を発しながら、同じ場所に建っている。居住者は全部で12世帯。市の転居勧告を無視し、この荒廃した建物に住み続けているという。

ホー・トゥイティエン・ウォーターパーク

ベトナム・フエ

建設中止となった荒れ放題のテーマパーク

一番の売りになるはずだったドラゴン。中に入ると周囲のジャングルが見渡せる

自然と同化したウォータースライダー

アマゾンの中に朽ち果てた数々のアトラクションが

ハロン湾の霧の島、首都ハノイの旧市街の狭い曲がりくねった道、活気あふれるホーチミンの市街等々。ベトナムには見るべき観光地が多いが、最近、新たなスポットが人気を呼んでいる。ホーチミンとハノイの間、トゥアティエン＝フエ省の省都・フエの密林にある「ホー・トゥイティエン・ウォーターパーク」。ジュラシック・パークをイメージし、2004年頃に完成予定だったが、資金不足により建設途中で頓挫、様々なアトラクションが廃墟と化したまま放置されている。

　公園の中央に置かれた巨大なドラゴンの彫刻、プールに続く苔むしたウォータースライダー、荒れはてたギフトショップなど園内は見るも無惨で、ドラゴンと自然がレジャープール施設を飲み込むようなその姿は、まさに奇怪遺産といえるだろう。現在、当地には興味を持った旅行者や写真家がこぞって足を運んでいるらしい。

ソンミ村記念館

ベトナム・クアンガイ省

記念館の前に建てられた
犠牲者を慰霊する
モニュメント

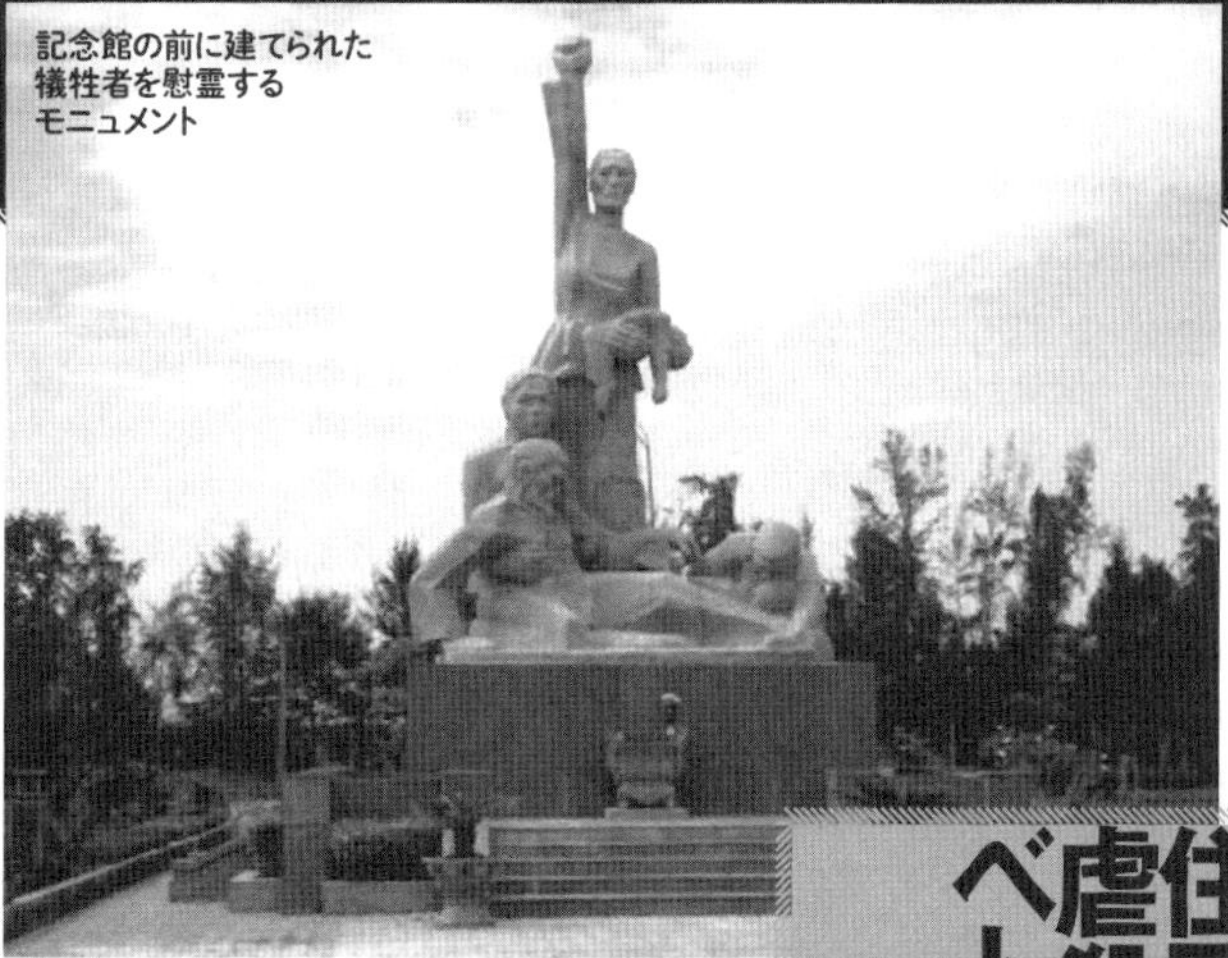

住民505人が虐殺されたベトナム戦争の現場

生々しい事件の報道写真が展示されている

ベトナム戦争中の1968年3月16日、アメリカ軍兵士がクアンガイ省ソンミ村（現ティンケ村）のミライ集落を襲撃、無抵抗のベトナム人住民を殺害した。犠牲となったのは男性149人、妊婦を含む女性183人、乳幼児を含む子供173人。村民507人のうち、生き残ったのはわずか2人だけだった。

この、いわゆる「ソンミ村虐殺事件」は、現場に居合わせた複数のアメリカ軍兵士から軍上層部に報告されていたものの、軍上層部はアメリカ世論をベトナム反戦運動の方向へ導く可能性が高いことなどから、事件を隠蔽。しかし、翌1969年、雑誌『ザ・ニューヨーカー』が真相を明らかにしたことで、米兵の蛮行が白日の下にさらされ、アメリカ政府は国内外から大きな非難を受ける。

惨劇のあった現場に、事件の史料を展示した「ソンミ村記念館」が建てられている。各国の新聞、報道写真、人形による虐殺の再現、現場から回収された遺品、犠牲者504人の名前が刻まれたプレート等の他、館外には当時村民が暮らしていた住居跡、慰霊碑、防空壕などが置かれ、事件の詳細を今に伝えている。ガイドブックには載っていないこの記念館。戦争の実態を知るためにも一見の価値は大いにある。

米兵による残虐行為を人形で再現

トゥール・スレン虐殺犯罪博物館

カンボジア・プノンペン

クメール・ルージュの残虐行為を展示

保存されている、おびただしい数の人骨

収容所の建物。もともとは学校だった

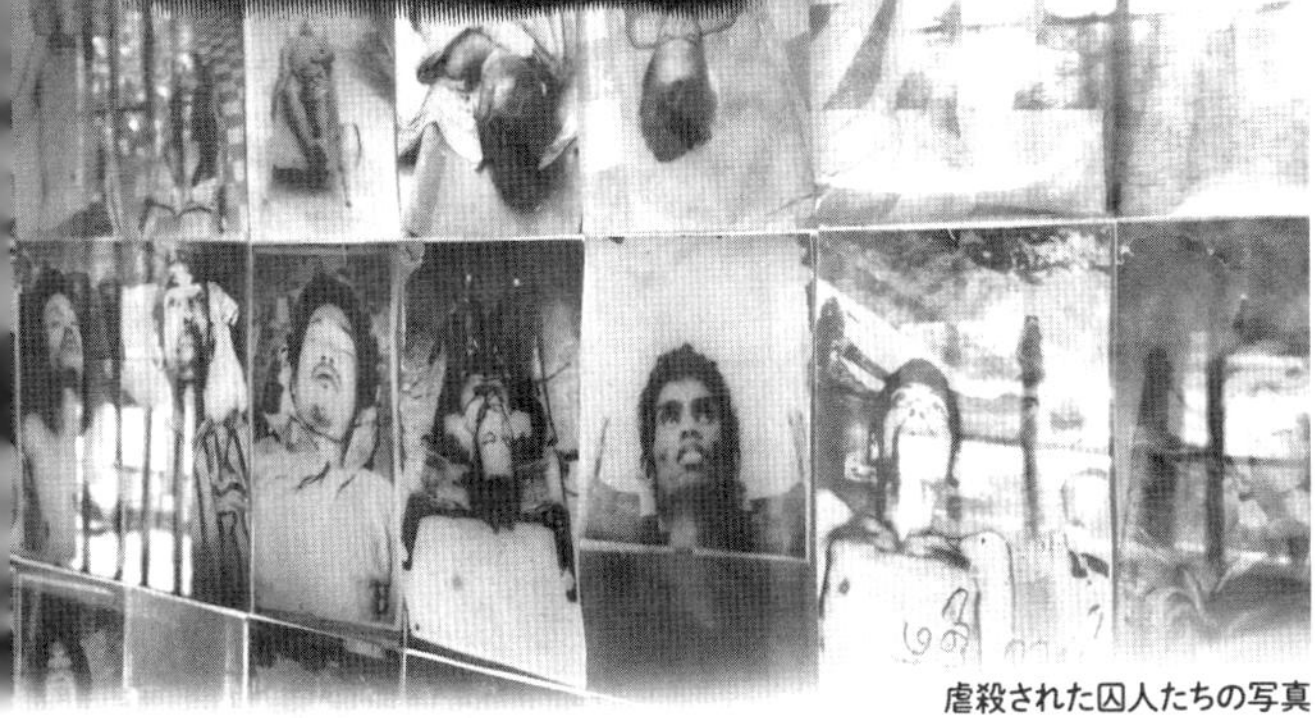
虐殺された囚人たちの写真

1968年の活動開始以降、カンボジアを完全な共産主義国家にするため100万人以上を虐殺したといわれるクメール・ルージュ。ポル・ポト率いるこの組織が、首都プノンペンの郊外にあった無人の学校に、政治犯を収容する施設を作ったのは1976年4月のこと。名称は稼働当時は暗号でS21。現在は設置された場所の地名を取りトゥール・スレンと呼ばれる。

革命が成功しても飢餓が進むのは誰か反革命分子がいるからに違いないというポル・ポト派幹部の妄想により、ここでは2年半以上にわたって囚人たちに残虐な拷問を科し、大半が処刑された。1979年1月、ベトナム軍がカンボジアを制圧、この収容所を発見したとき、尋問室にクメール・ルージュが撤退間際に殺害したとみられる遺体が14体、施設全体では50人程度の遺体が見つかったという。

同年、現場にクメール・ルージュの残虐行為を展示する博物館が設置された。発見時のまま保存されている拷問室、1千人ほどの収容者の写真、犠牲者の人骨、生還した画家が描いた拷問の様子など、その内容は目を覆いたくなるものばかりだ。

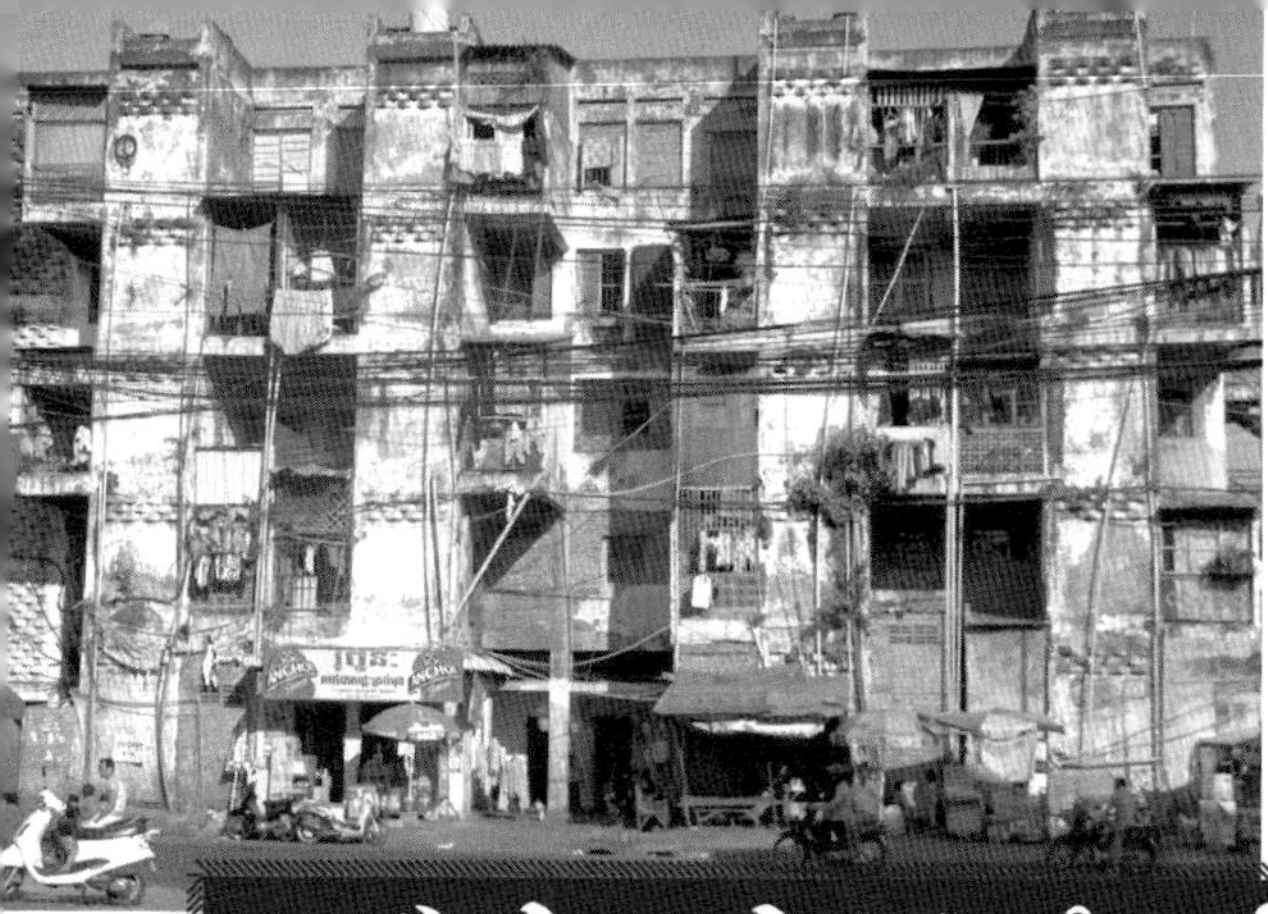

建築から半世紀以上が経過し、アパートは腐食しまくっている

バサックアパート

カンボジア・プノンペン

倒壊寸前の建物に2千500人が生活

建築当初のアパート

カンボジアは貧富の差が世界一といわれ、国民全体の4割近くが貧困層だという。地方の産業開発の遅れが原因で、仕事を求め都市部に移り住む人たちが後を絶たない。

特にカンボジアの首都プノンペンは、「東洋のパリ」と呼ばれたフランス植民地時代の美しい街並みが残る一方、貧困エリアは700ヶ所を超え、現在30万人以上がスラム街で暮らしているそうだ。これはプノンペンの人口150万人の20％を占めるが、毎年2万人以上の人たちがスラムに流入し、その規模は年々拡大。中でも最悪なのが、バサック川の西の河川敷に位置し、1千世帯以上が生活するバサックスラムだ。

住民は廃材で作ったバラックや草葺きの小屋で暮らすか、ここで取り上げた倒壊寸前の通称「バサックアパート」に住むしかない。1960年代に建てられた全長300メートルに及ぶこのアパートは、かつてはカンボジアを代表する低価格の建物として有名だった。が、1970年代後半から腐食が始まったことで、大半の住居者が転居。そこに住み始めたのが貧困層の人々で、アパートはスラム化していく。写真を見てもわかるとおり、建物はいつ崩れてもおかしくない状態。それでも、2015年現在このアパートには2千500人もの人々が暮らしているという。

バサックスラム。失業率は50％、衛生環境も劣悪で子供たちの半数が何らかの病気を患っているという

シリラート死体博物館

タイ・バンコク

一番の見ものは、複数の幼児を殺害、遺体を食したシーウィーのミイラ。施設はその名を取り「シーウィー博物館」とも呼ばれている

伝説の食人鬼が晒し者に

ホルマリン漬けとなったシャム双生児

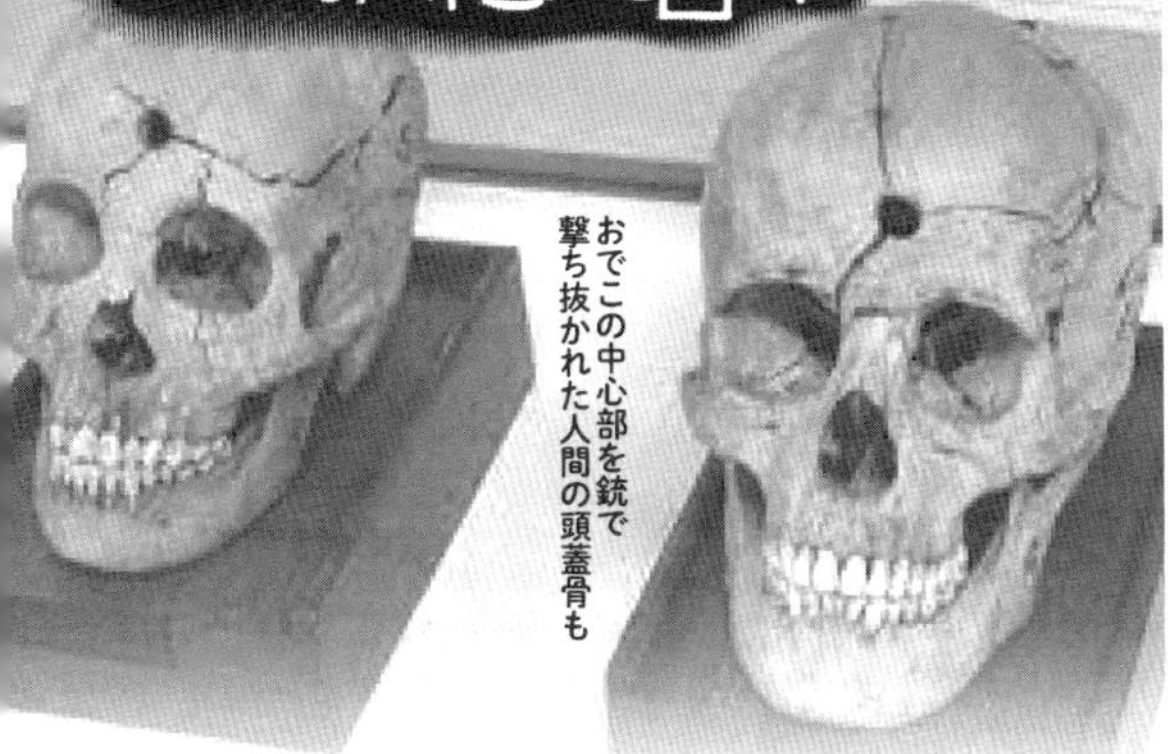

おでこの中心部を銃で撃ち抜かれた人間の頭蓋骨も

タイ・バンコクのバーンコークノーイ区にあるシリラート病院は、1888年に開設されたタイ最古の病院で、東南アジア最大の敷地面積を誇る医療施設である。この病院、タイ国内では「タイの医療の父」と呼ばれるソンクラーナカリンが生前、医学の教鞭を執っていた場所として知られるが、海外の観光客が注目するのは、敷地内に併設された法医学博物館だ。別名「死体博物館」とも呼ばれる施設に、犯罪や事故に関わり医学的鑑定が必要だったシャム双生児のホルマリン漬けやおでこを撃ち抜かれた人の頭蓋骨などが展示されているのだ。

中でも有名なのが「シーウィー」なる人物のミイラだ。この男、1950年代に少なくとも5人の幼児を殺害、内臓を食べた殺人鬼で、裁判を経て銃殺刑に処されたものの「供養する価値はない」として、死体をロウで固められ晒し者になっている。

シリラート病院の敷地内には、他にもサルモネラ菌や赤痢菌などが置かれた「パラサイトロジー・ミュージアム」や、内臓や病理標本を展示する「解剖学博物館」など、計7つの博物館が設置されている。〝怖い物見たさ〟を満たすには十分なスポットだ。

タイでは人気の
観光スポット

ワッパーラックローイ

バンコクから日帰りで行けるこの世の地獄

タイ・ナーコンラチャシーマ

電動仕掛けのガイコツ

微笑みの国、タイ。国民の95％が敬虔な仏教徒といわれるこの国に奇怪な寺院がある。ワッパーラックローイ。首都バンコクからバスで3時間ほどのナーコンラチャシーマという街に建つ「天国と地獄」をモチーフにした寺だ。

注目は地獄ゾーン。一歩、中に入るとそこには色鮮やかで、グロテスクな人形がところ狭しと並べられている。犬に内臓を食い千切られた像、鬼に頭をかち割られ苦悶の表情を浮かべる像、地元住民によって拷問責めにされる人形等々、まさに地獄絵図の立体版と言っていいだろう。

寺の敷地内には、電動で仏像が回転しながらゲーム方式でコインをトスさせるアグレッシブな賽銭回収マシン、お坊さんの念仏をかき消すほど激しい咆哮をあげる巨大恐竜、謎の音楽を奏でるガイコツ集団など、様々な仕掛けも施されている。グロが好物な方はぜひ。

アート作品としても一級

鳥が腸を突いているのがリアル

ブッダ・パーク

ラオス・ビエンチャン

訪問者は必ず通らなければならない「地獄の入り口」

園内は「地獄の入り口」からどうぞ

コンセプトは「牢獄のような現世から精神が解放される、癒しの公園」

ラオスの首都ビエンチャンから約30キロ離れたメコン川の下流に摩訶不思議な一角がある。地獄、地上、天国を表す巨大な像が敷地内に数多く立ち並ぶ「ブッダパーク」だ。正式には寺院でもあるこの公園の一番の見所は、入ってすぐ右手に現れる化け物のような「地獄の入り口」なるオブジェだ。全長40メートルほどで、大きな口を広げた外見に度肝を抜かれるが、最初の地獄ゾーンに入るにはこの口を必ず通らなければならない。小心者には少しばかりの勇気が必要だ。

敷地内にあるブッダや、シヴァ神、妻の女神パールヴァティ、子供のガネーシャなどの像は1958年、ヒンドゥー教主義者ルアンプー・ブンレア・スリラットが作り上げたもの（パーク自体も彼が建立した）で、自らの哲学を具象化したそうだが、スリラットは1975年12月、革命によってラオス人民民主共和国が樹立すると、対岸のタイのノンカイに亡命し、1996年に死亡したという。現在、公園はラオス政府が管理している。

現世では「クワンシアン」と呼ばれる公園内に種々様々な巨大な仏像が

ナボタスの墓場村

フィリピン・マニラ

墓場村の敷地内。住民が墓石に
手製のバスケットゴールを取り付け遊んでいる

公共墓地にバラックが立ち並ぶスラム街

手前の壊れかけのバラックが住居。後ろが墓石群

ゴミ拾いをして、小遣いを稼ぐ少年たち。毎日、学校に通えている子供は少ないという

フィリピンの首都マニラから数十キロ離れた港町、ナボタスという小さな一帯に「墓場村」と呼ばれるエリアがある。公共墓地に約600世帯、2千人が暮らすスラム街だ。

ナボタスの公共墓地の多くはマンション型の墓で、大半がリース制。遺族が金を支払わなかった場合、遺体は再び取り出されてしまう。管理体制がしっかりと確立されてない現地では、取り出された遺骨がそのまま路上に放置されることもしばしば。時には顔の輪郭が残った骨や、墓石の中に中途半端に衣類を着たまま放置されている遺骨、髪の毛なども無造作に置かれ、敷地内は腐敗臭で覆われているという。

そんな土地に、人々がバラックを作り、日常生活を送るようになったのは1970年代半ば。彼らはもともと別の田舎町に居を構えていたが、そこが台風の被害に遭い、避難するため、この墓地に逃げ込んできたのだという。仕事は、土地柄を活かし墓地に関連した職業に就いている人がほとんど。食費はもちろん、土地のオーナーに支払う月数千円の家賃もわずかな収入から賄わなければならない。水道もトイレもない劣悪な生活環境。死臭が漂うこの街では長年、深刻な健康問題が住民を苦しめ続けている。

サガダの吊るされた棺

フィリピン・ルソン島

断崖で死者を弔う世にも珍しい埋葬法

ルソン島の険しい渓谷で見られる「ハンギング・コフィン」

断崖に吊るされた幾つもの木製の棺桶。この異様な光景が見られるのは、フィリピン・ルソン島北部の山岳地帯に位置するサガダ村だ。これは、地元で「ハンギング・コフィン（吊るされた棺桶）」と呼ばれる珍しい埋葬法で、現地の少数民族イグロット族の独特の風習である。彼らは古来より、死者を薫製にして木棺に入れ洞穴に納めたり、断崖に吊るし埋葬してきた。野獣から死者を守り、何より転生への願いと、より天国に近づけるのが、その目的だという。ハンギング・コフィンの風習は2千年以上も続き、2010年の秋で終わりを迎えたが、棺桶は現在も吊るされたまま。アクセスは困難だが、一見の価値は十分だ。

「からゆきさん」の墓

マレーシア・サンダカン

墓はサンダカンの高台にある日本人墓地の一角に建てられている

墓石は日本に背を向け建っている

山崎朋子のノンフィクション『サンダカン八番娼館』で、その存在を広く知られることになった「からゆきさん（唐行きさん）」。19世紀後半、主に東南アジアに渡り娼婦として働いた日本人女性である。マレーシア・サバ州の都市・サンダカン。その昔、娼館（売春宿）があったこの街の海を見渡せる高台に、現地で死んだ「からゆきさん」の墓地がある。墓は無縁仏を含む20基ほど。その全てが日本に背を向けているのはなぜなのか。

「からゆきさん」として働いていた日本人女性の多くは、農村、漁村などの貧しい家庭の犠牲になった娘たちだった。早い話、金のために海外に売られたのだ。仕事は過酷で、港に船が入ったときなどは、一晩に30人の客を取らされたこともあったという。取り分は料金の50％。その中から借金返済分として25％、残りは雑費に充てられたそうだ。遥か異国で体を売り、人知れず死んでいった多くの娼婦たち。

彼女らの墓が祖国と逆の方向に向いているのは、日本への恨みからだろうか。

ゴマントン熱帯雨林保護区の中心部に位置する洞窟の入り口。周辺にはカンムリワシやコウモリダカ、カワセミなどが生息している

ゴマントン洞窟

ボルネオ島マレーシア領

暗闇の中に不気味な生き物がウヨウヨ

中は木道が整備されているが、手すりも床も糞だらけ

天井には大量のコウモリが

地上100メートルのアナツバメの巣を採取する様子

ボルネオ島マレーシア領。鬱蒼と生い茂るジャングルの奥深くにゴマントン洞窟はある。昔から中華料理の食材であるアナツバメの巣の採取地として有名な場所だ。

ここに足を運ぶには、かなりの覚悟がいる。中の空気は鳥の糞から発生した強烈なアンモニアの臭いが充満、天井から無数のコウモリがぶら下がり、床や壁はネズミの糞や死骸を漁るゴキブリや甲虫などの昆虫がウヨウヨ、他にもゴキブリやネズミを餌とするヘビも生息しているのだ。

洞窟内は木道が整備されて観光可能だが、手すりは糞まみれ。床はぬかるみ、うっかり転ぶと悲惨なことになる。宙を飛び交うコウモリの大群もかなりの恐怖だ。現在、アナツバメの巣の採取は乱獲防止のため、毎年2～4月、及び7～9月に規制されている。許可を得た地元民たちがラタンとロープと竹で組んだはしごで洞窟の天井まで登り、巣を採取する貴重な様子を見るためにも、訪れるのはこの時期が最適だろう。

チタルム川

川面には死んで浮き上がった大量の魚が

インドネシア・ジャワ島

世界で最も汚い河川

ゴミで埋め尽くされ水がほとんど見えない

インドネシア・ジャワ島の西ジャワ州を流れる全長272キロのチタルム川は、この地域最大の河川であると同時に、世界で最も汚い川の一つといわれている。

チタルム川は、ほんの20年前までは自然溢れる美しい川で、地域住民らが生活用水として利用していた。が、川岸にある数百にも及ぶ繊維や軽工業の工場から鉛や水銀、化学物質、汚水などが排出し、見るも無惨なまでに汚染されていく。年々増加する近郊都市部や川の周辺住民たちの自然環境に対する無関心から捨てられた家庭ゴミも、大きな原因だったといわれる。結果、川は汚物に溢れ、浮き上がった魚の死体で埋め尽くされる。さらには、川の水を使用したことによる健康被害も出ているというから問題は深刻だ。

現在、アジア開発銀行がチタルム川を清浄化するプロジェクトに5億ドルを出資し、環境保護団体も産業排水の規制を強化するよう政府に呼びかけるなど、「チタルム川をきれいにしよう」という運動が広がりを見せているというが、果たして、この川が昔の姿を取り戻す日は来るのだろうか。

世界一汚染された川で遊ぶ地元の子供たち

ソナガチ

インド・コルカタ

娼館の前で客を引く女性たち。
料金は4千ルピー（約6,400円）が相場らしい

アジア最大最悪の売春窟

ソナガチの雑多な街並み。
手慣れたバックパッカーでも簡単には足を運べない危険ゾーン

誘拐され、この地で売春を強要されている女性も少なくない

インド西ベンガル州の州都コルカタ。同国ではデリー、ムンバイに次ぐ第三の人口を誇る大都市にもかかわらず、山羊を生け贄に捧げることで有名なカーリー女神寺院があるなど、インドの混沌とした雰囲気が存分に味わえる場所だ。

そんなコルカタの西部に、アジア最大にして最悪ともいわれる売春窟「ソナガチ」がある。街には何百もの売春宿が建ち並び、体を売る女性は10代から60代まで約1万4千人。さらに、毎年1千人がこの地で娼婦になっているという。

ソナガチがアジアの他売春エリアと異なるのは、規模の大きさもさることながら、人身売買、強盗、ドラッグなど様々な犯罪が蔓延している点で、働く女性も誘拐され売春を強要されている例が少なくない。現在ソナガチでは、幾つかのＮＧＯや政府機関が性病伝染予防の取り組みを行っている他、娼婦の互助組織「ソナガチ・プロジェクト」が立ち上げられ、娼婦らが客にコンドーム使用を強く訴えたり、客からの虐待に立ち向かっているそうだ。

客の大半は地元の男性

ジャティンガ

地上で発見された鳥の死骸

インド・アッサム州

鳥が大量自殺する謎の村

ジャティンガ。のどかな山あいの村だが不気味な現象も影響してか、
住人は年々減少しているそうだ

鳥の大群の中には遠方から飛んできたものも少なくない

紅茶で有名なダージリンがあるインド・アッサム州のジャティンガは、牧歌的で居心地の良い丘に囲まれた小さな村だ。が、毎年9～11月になると、この地で謎の現象が起きる。上空に鳥の大群が押し寄せ、周辺の木や家に自ら突っ込み、翼やくちばしを傷つけて命を絶っていくのだ。

なぜこのようなことが起こるのか。原因はいまだ明確になっていないが、有力な説として、ジャティンガで毎年秋に観測されるモンスーンの霧が影響しているのではないかといわれている。強烈な季節風が周囲に霧を発生させることで鳥たちが判断を誤り、大量に自ら命を絶っているのではないかというのだ。もっとも、この推測には腑に落ちない点もある。これまで自殺が確認された鳥は全部で44種。地元の鳥もいれば、遥か遠方から飛んできたと思われる鳥の死骸も発見されている。前者がモンスーンによって自死することはあっても、なぜ後者がわざわざジャティンガまで来て命を落とすのか。ジャティンガがモンスーンを引き起こす中心的な位置というわけでもない。まさにミステリーである。

モイナク・船の墓場

ウズベキスタン・カラカルパクスタン共和国

この砂漠が元湖だったとは信じがたい

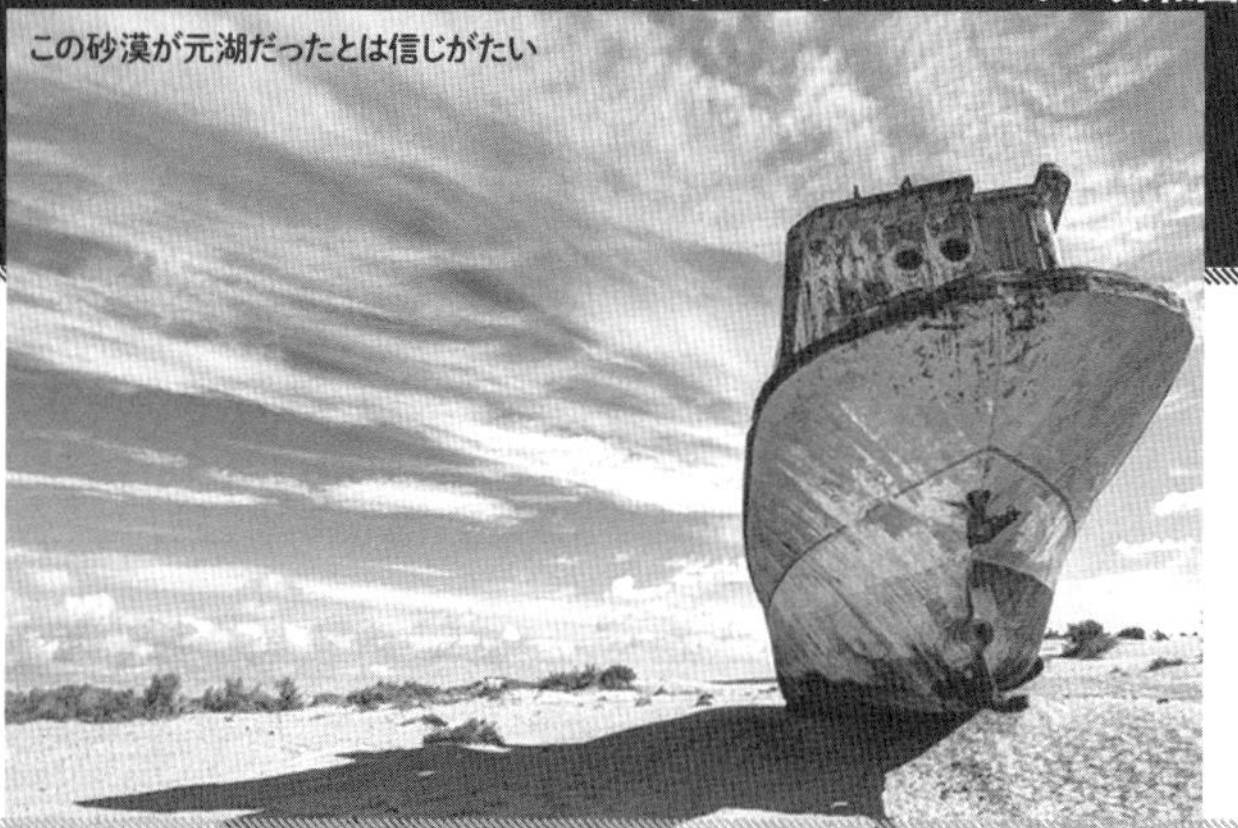

朽ち果てた漁船が砂漠に点在

アラル海（左1989年、右2014年）は
環境破壊により劇的に縮小した

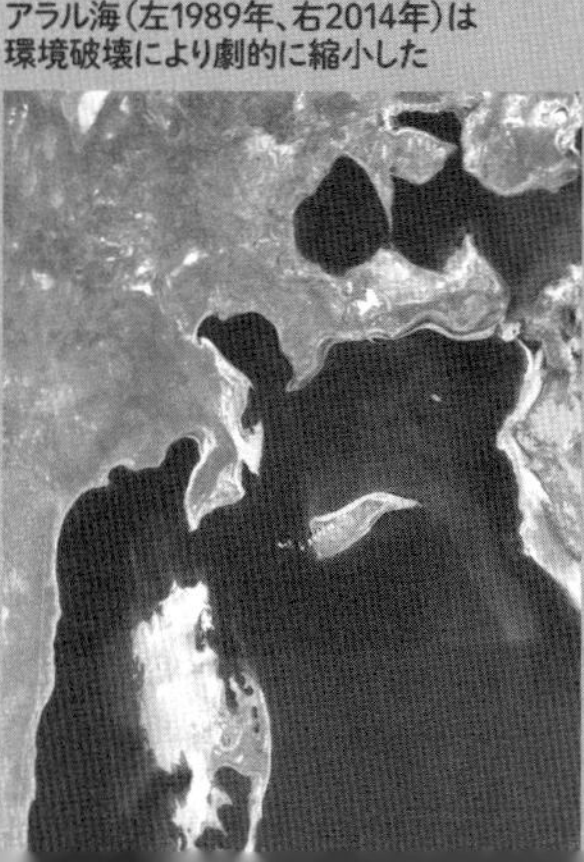

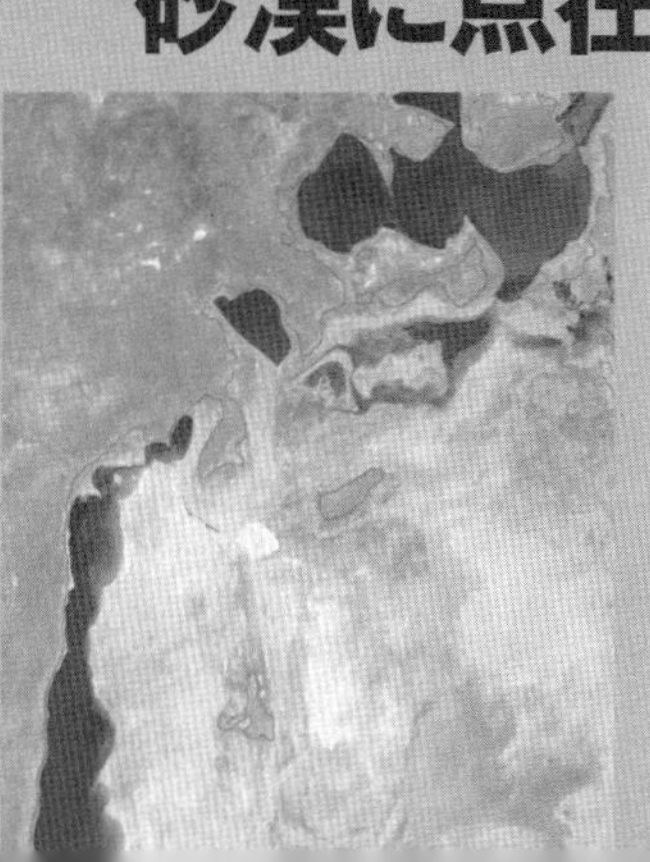

ウズベキスタン西部の自治共和国・カラカルパクスタン共和国の北部に、モイナクという街がある。人口はわずか2万人弱。この寂れた街の砂漠に、朽ち果てた多くの漁船が放置されている。通称、船の墓場。アラル海の環境破壊が生み出した負の遺産である。

かつて活躍していたであろう漁船が無残な姿に

モイナクは1950年代まで、アラル海南端の半島上の繁華な漁港で、ウズベキスタン唯一の港湾都市だった。が、魚の乱獲や、アムダリヤ川上流の綿花地帯からの化学物質の流入で漁業資源は下り坂に。さらには綿花栽培の灌漑のため川の流れを人為的に変えたことでアラル海が干し上がると産業は劇的に衰退、多数の漁船が放置されたまま朽ち果てた。

この環境破壊により、世界4位の面積を誇ったアラル海は半世紀で約5分の1に縮小し、沿岸のモイナクからは一晩に数十メートルも湖岸が遠のき、現在では77キロも湖岸が後退。湖だった場所は砂漠となり、ここに船の墓場が出現したのである。

現在、モイナクでは、元湖底だった場所から吹く砂嵐による健康被害も起こっているという。

カンテブク

ウズベキスタン・ヴォズロジデニヤ島

カンテブクには工場跡が数多く残っている

旧ソ連の細菌兵器工場が置かれていた街

米ソ冷戦期、細菌兵器研究の拠点となっていた。写真は当時のもの

中央アジア・アラル海のヴォズロジデニヤ島は、旧ソ連が作った数多くの細菌兵器実験場があったことから「アスベスト島」と称される。その拠点となったのがカンテブクという街。ここにはかつて1千５００人の島民が住んでいたが、現在は見るも無惨なゴーストタウンと化している。

カンテブクでは、１９３０年代から研究が開始され、炭疽菌のワクチンの他、天然痘やボツリヌス菌など40種類以上の各種細菌がここで培養された。それが原因で１９７１年に島民10人が天然痘に罹り３人が死亡。１９８８年には化学兵器禁止条約に反していることが世間に知れ、研究所スタッフが保管していた数トンもの炭疽菌を大慌てで埋めた。

１９９２年に研究所が閉鎖され10年が経過した２００２年、アメリカとウズベキスタンは共同で炭疽菌を埋めた現場10ヶ所を除染したが、細菌試料や製品は今も未処理のまま。カンテブクには、研究所の施設などが廃墟として残り、絶望的な風景をさらしている。

かつて1,500人が暮らしていた住居跡と、研究用機械の残骸

地獄の門

トルクメニスタン・ダルヴァザ

絶景を一目見ようと世界中から観光客が

大穴で炎が燃えさかる驚愕の絶景

場所はカラクム砂漠のど真ん中

現地を訪れる際はテントでの宿泊が必須

カスピ海の近くに位置するトルクメニスタンは、国土の85％が砂漠で占められた人口520万人程度の小国ながら、世界有数のガス輸出国として知られる。

トルクメニスタンがまだ旧ソ連の構成国だった1971年、ソ連の地質学者が豊富な天然ガスが埋蔵されている同国ダルヴァザ地区でボーリング調査を実施した。と、調査の過程で予期せぬ落盤事故が発生、採掘作業用の装置が置かれていた場所もろとも直径約60メートル、深さ約20メートルの大穴があいてしまった。その後有毒ガスの放出を止めるために仕方なく火をつけたものの、地下から可燃性ガスが噴出し、以来現在に至るまで延々と燃え続ける事態に発展する。消火の手段はなく、天然ガスの埋蔵量自体が不明なため、今後いつまで燃え続けるのかもよくわかっていないらしい。

現在、この地は「地獄の門」（または「地獄の扉」）と呼ばれ、トルクメニスタンの一大観光名所としてツアーも実施されている。興味のある方は、半世紀近く燃え続ける驚愕の絶景をぜひ自分の目で。

キングシート精神病院

ニュージーランド・オークランド

1999年に閉鎖された病院建物跡

虐待を受けた少年少女の霊が

院内で死亡した患者の遺体安置所もそのまま残っている

ニュージーランド・オークランドの郊外に、1932年に開業、1999年に閉鎖されたキングシート精神病院が廃墟として残っている。後に患者に対する残虐な環境が明らかになり、現在は心霊スポットとしても有名な場所だ。

当病院は、かつて800人の患者を収容していた。が、彼らの世話をする看護師の数が足りず、看護師の患者に対する暴力が常態化していたそうだ。2004年、11歳の少年患者の死に関して、捜査のメスが入った。彼は当時、肺炎で死亡したと報告されていたが、別の元患者の証言によれば、少年は食事の列に並んでいた際にパンを盗んだことで看護師から数時間の暴行を受け、命を落としたという。

虐待疑惑の犠牲者の多くは8～16歳の患者で、性的虐待や暴行の他、電気けいれん療法も受けていたという。元患者たちからは、罰として薬物を注射されたことや、拘束衣を着せられ独房に何時間も入れられたという証言も寄せられている。院内に出現する心霊は、こうした虐待を受けて死亡した患者の呪いとみられているが、一方、劣悪な環境を改善しようとしない病院側に絶望、自殺した看護師もおり、彼女たちの怨念を噂する声もあるらしい。

内部は荒れ放題。これまで100回以上、心霊が目撃されているという

ウェストゲートブリッジ

オーストラリア・メルボルン

3週間に一度、飛び込み自殺発生

世界中の巨大な橋が自殺の場所として選ばれるように、オーストラリアメルボルンにあるウェストゲートブリッジもまた例外ではない。１９７８年に完成した全長２千５８３メートル高さ１０２メートルの、この橋では３週間に一度、身投げが起きている。国立メルボルン病院によると、飛び込み自殺を試みた70％が精神疾患を患っており、そのうち約74％が男性だったという。

この橋は建設中に悲惨な事故が起きたことでも知られる。１９７０年10月、工事の途中だった橋が突如崩壊、下を流れるヤラ川に落下した作業員35人が死亡したのだ。これは、オーストラリア史上最悪の建設現場での事故といわれ、現在も節目の年には追悼式が行われているそうだ。

橋の通路に設けられた自殺防止用のフェンス

エディンバラ・オブ・ザ・セブン・シーズ

南大西洋・トリスタンダクーニャ島

海と山の間のわずかな平地に集落が。村には「最果ての島へようこそ」の看板が立てられている

世界で最も孤立した集落

南大西洋に浮かぶトリスタンダクーニャ島にある唯一の集落「エディンバラ・オブ・ザ・セブン・シーズ」は〝世界一孤立した有人島〟としてギネスブックに掲載されている。何しろ、人が定住している最も近い陸地のセントヘレナですら約２千２００キロ離れており、さらには、この地を訪れるには、どんなに急いでも約２千８００キロ離れた南アフリカのケープタウンから６日間の船旅を経なければならないというから驚きだ。

島は野生動物の宝庫で、火山活動も活発と、自然の驚異にさらされているが、エディンバラの村落には現在、約２５０人が暮らし、港や政庁、警察署、教会、学校、病院、郵便局、喫茶店、ロブスターの加工工場などが揃っているそうだ。

ゴミベルト

北太平洋・中央海域

海面が見えないほどの惨状

日本国土の4倍の海域に5億トンのプラスチックが浮遊

ゴミベルトの位置。
海流の影響で浮遊物が
集中する一帯

親鳥によりプラスチックを与えられ、吐き出すことができず窒息死したと思われるコアホウドリのひなの死骸

北太平洋の中央にプラスチックゴミが集中し、まるで島のような形状をなし海域を浮遊するエリアがある。通称ゴミベルト。面積は70万平方キロメートルから1千500万平方キロメートルと推定され、その広さは米テキサス州の約2倍、日本の約4倍とも言われている。なぜ、こんな一帯が形成されたのか。北太平洋の真ん中は地球の自転や風、水の温度や塩分濃度の違いによって生み出される巨大海流の中心地。いわば台風の目と同じように、この地域に異常なまでのゴミが引き寄せられるのだ。

アジアの東海岸からは約1年間、アメリカ西海岸からは約5年間で、このエリアに運ばれたゴミの総量は約5億トン。その中には東日本大震災の津波によって流された約150万トンのゴミも含まれているそうだ。

こうした海洋ゴミの集積は、海域の生物に大きな危険を与えている。粒子化したプラスチックをプランクトンと間違えて口にしたクラゲ。小さな破片を卵と勘違いした魚。大きなゴミはクラゲやイカと間違えて海鳥や海亀が食べている。プラスチックを口にした生物の運命は、死か、他の生物に食べられてその生物にプラスチックを提供するかの二つしかない。その中に人間も入っていることは言うまでもない。

第3章

ヨーロッパ

ポイズン・ガーデン

イギリス・ノーサンバーランド

毒草、麻薬が栽培される超デンジャラスな庭

いわくつきの毒草を集めた庭園は、年間50万人が訪れる観光スポットでもある

手で触るのはもちろん、匂いを嗅ぐのも危険な植物ばかり

特に危険な毒草や薬草には厳重な柵が

イングランド北部にそびえ立つ英王室所有のアニック城。映画「ハリー・ポッター」のロケ地としても有名だが、その隣の広大な敷地内に約3千種のバラが咲き誇るアニック・ガーデンの外れ、黒い鉄の門の向こうに、毒草の庭「ポイズン・ガーデン」は存在する。

【ここにある植物たちは、あなたを死に至らしめます】

ドクロマークとともに、そんな注意書きが貼られた扉を開け、葉っぱに覆われたトンネルを潜っていくと、柵に囲われた植物が見えてくる。全てが毒を持ち、手で触るどころか近くで匂いを嗅ぐことすら危ないものばかりで、時に失神したり幻覚を見たりする来場者もいるというから恐ろしい。

庭園内では、古代からトリカブトやエンジェル・トランペット、ベラドンナといった約１００種類の毒草を栽培。さらには、持ち主の公爵夫人が栽培許可を取得しているため、コカインやマリファナ、マジックマッシュルームといった麻薬まで作られているという。

ロンドン・ダンジョン

館内の至るところで再現される惨劇

イギリス・ロンドン

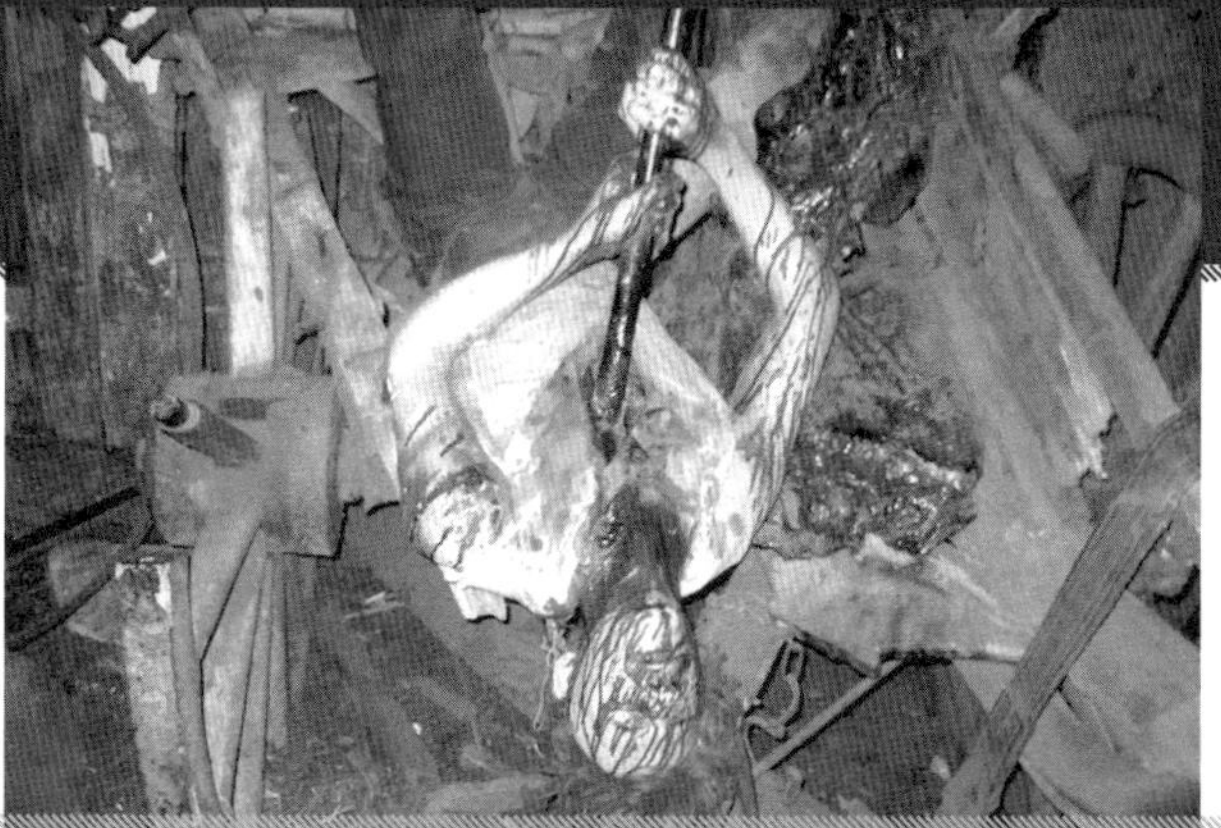

イギリスの黒歴史をグロテスクに再現

血みどろの腸が…

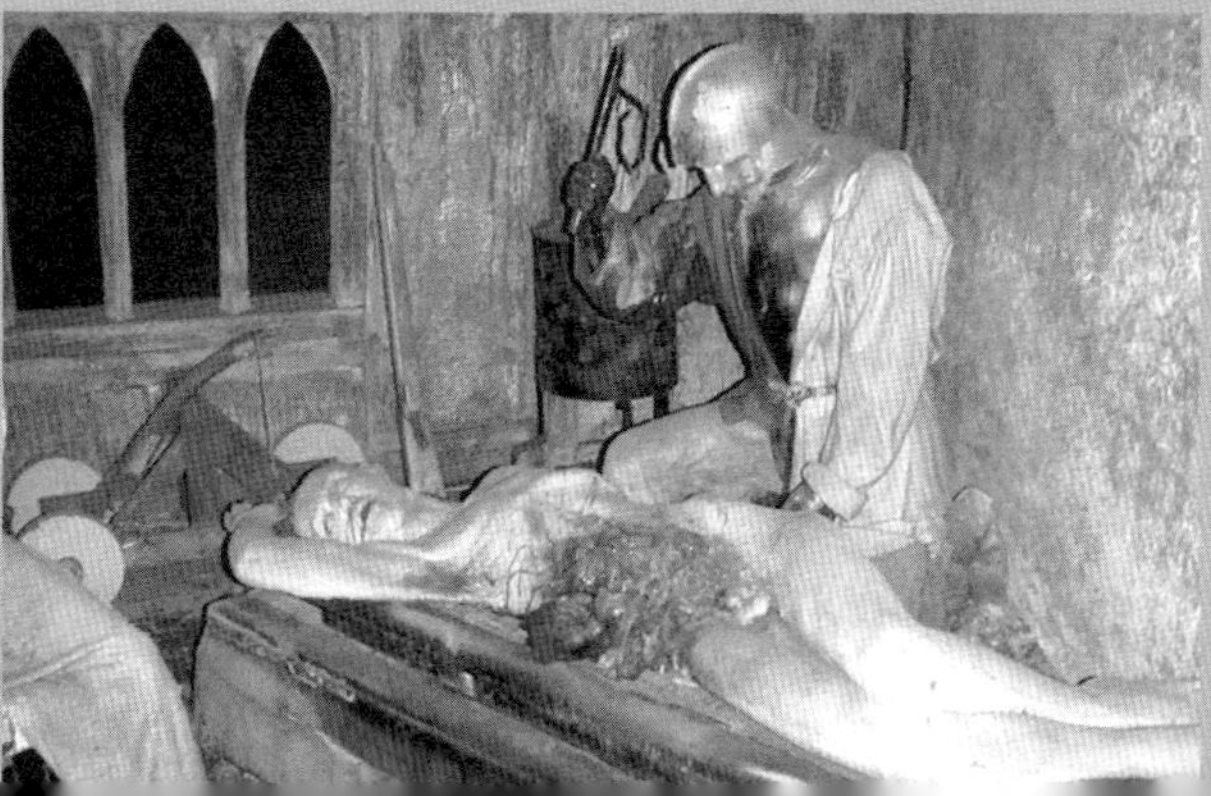

世界各地に多々存在する博物館の中でも超グロテスクなのが「ロンドン・ダンジョン」だ。ここで展示されているのは単なる〝品〟ではない。世界一有名な連続殺人鬼「切り裂きジャック」や悪名高き理髪師スウィーニー・トッドの惨劇現場、ロンドンを襲った疫病、さらには実際に行われていた惨たらしい拷問・処刑方法など、血塗られたイギリスの黒歴史や伝説の世界を追体験できる様々な仕掛けが当博物館の売りだ。

館内は、中世当時の衣装をまとったキャストの案内に従って、拷問部屋やロンドン大火、切り裂きジャックなど、項目に沿った部屋を巡回。蝋人形や映像、光、音楽などによって再現された臨場感溢れる殺人現場や血染めの拷問部屋では、作り物とわかっていても悲鳴が漏れてしまう。見て歩くだけではなく、船に乗ったり、悪党を自ら銃で撃ったりなどの仕掛けもあり、ロンドンの人気観光スポットになっている。

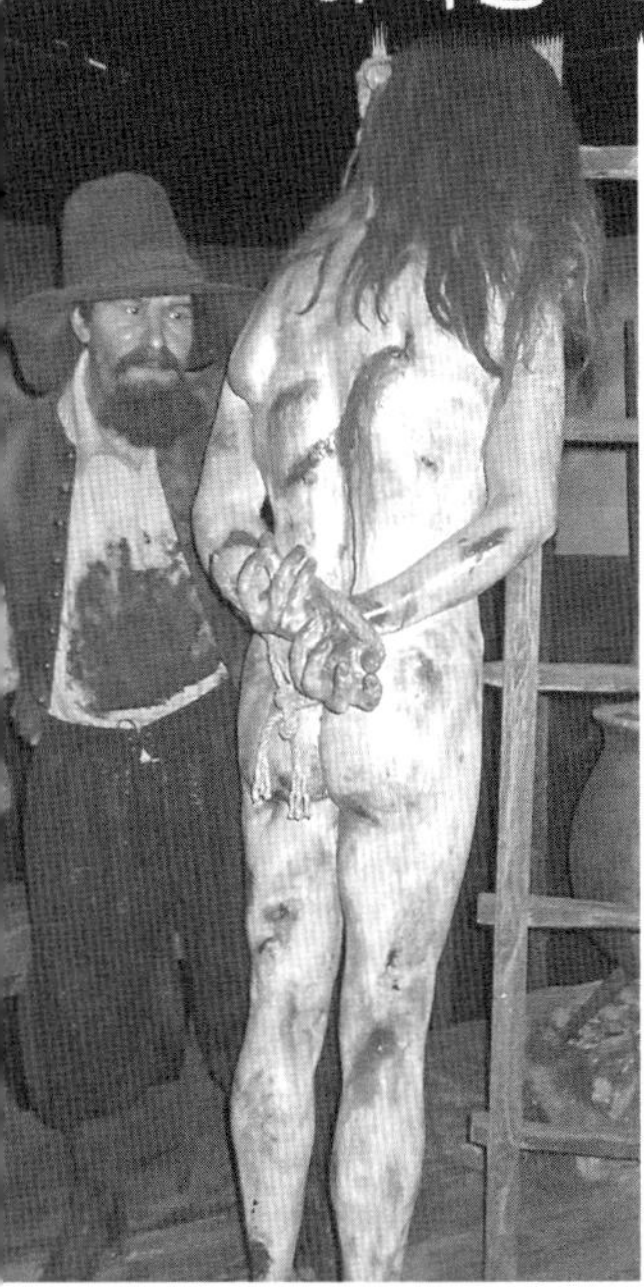

生々しい展示に悲鳴を上げる人も多い

ノルマンディー上陸作戦跡地

フランス・コタンタン半島

作戦の要となった
オック岬に残る連合軍の爆撃跡

23万人の死傷者を出した海岸に無数の穴が

1944年
6月6日、ノルマンディー
海岸に上陸する連合軍兵士

美しい海岸線に記念碑が

フランス北西部のコタンタン半島に広がるノルマンディー海岸は、第二次世界大戦中、ドイツ軍が占領したフランス領を奪還するため、1944年6月6日深夜から連合軍が決行したノルマンディー上陸作戦の舞台として名高い戦地跡である。

作戦は、落下傘部隊の降下から始まり、続いて上陸予定地への空襲と艦砲射撃、早朝からの上陸用舟艇による敵前上陸の3段階で進行。最終的には200万人近い兵員が海岸に上陸し、無事奪還に成功するが、1ヶ月強に及んだ戦闘による死傷者は連合軍、ドイツ軍合わせて約23万人。まさに血みどろの戦いだった。

現在のノルマンディー海岸の突端、オック岬を空から眺めると、緑に覆われた地面に無数の穴が空いている。これは、連合軍側が作戦開始後、数週間にわたって行った爆撃の跡だ。穴の間にはコンクリート製の砲台跡も残り、海岸線には上陸作戦の記念碑なども建っている。

現地に残された砲台跡

クールシュヴェル飛行場

急な斜面が滑走路

フランス・クールシュヴェル

高低差64メートルの滑走路を持つ恐怖の空港

周囲はアルプス山脈に囲まれている。現在、定期旅客便の運行はない

滑走路も
537メートルと極端に短い

まずは右の写真を見てほしい。飛行機が、まるで先の見えないジェットコースターのように斜面を走っていく――。これが、世界一怖い空港と言われているフランスのクールシュヴェル飛行場だ。

1997年に公開された映画「007トゥモロー・ネバー・ダイ」に登場したことでも知られる当空港は、アルプスの山々に囲まれたスキーリゾートに位置し、空港へのアプローチには深い谷間を通過しなければならない。当然、危険が伴うため、この飛行場で離着陸する操縦士には、山岳地帯の飛行に関する特別な免許が必要だという。

だが、本当の恐怖は飛行機の離着陸に欠かせない滑走路だ。上端は標高2千6メートル、下端1千942メートルの斜面に作られており、その高低差は64メートル。しかも、通常はプロペラ機でも1キロは長さが必要なところ、ここは537メートルしかない。そこで、最大勾配19度もある傾斜を利用し、離陸時には常に滑走路を「下り坂」として加速、着陸時には逆に「上り坂」として使うことで距離をカバーしているそうだが、離陸時の飛行機はまるで崖に向かってジャンプしているかのようだという。

オラドゥール・シュル・グラヌ

フランス・アルザス＝ロレーヌ地方

破壊された当時のまま残された村の風景

ナチスの殺戮により1日で廃墟と化した村

女性と子供が押し込められ、焼かれた教会

現地に足を運び、悲惨な姿を目にする人々も

田園風景が広がるフランスの片田舎に、映画のセットのような廃墟の街並みが存在する。オラドゥール・シュル・グラヌ。かつてこの村には、700人ほどの住民がつましく暮らしていたが、1944年6月10日、ナチス・ドイツの武装親衛隊200人によって村民の大半が虐殺され、1日にして廃墟と化した。

ナチスの蛮行は筆舌に尽くしがたい。まず女性と子供を教会に押し込めた後、男性を6つの納屋に分けて連行。中で待ち構えていた兵士が機関銃で足を撃ち抜き逃げられないようにしたうえで納屋を放火、続いて女性と子供がいる教会にも火をつけ、ドアや窓から逃げ出そうとした者を容赦なく機関銃で殺しまくった。殺戮の犠牲者は男性197人、女性240人、子供204人の計641人。生き延びたのは、わずか6人だけだったという。

戦後、ド・ゴール大統領は、ナチスの残忍さを後世に残すため村の再建をしないと決定。オラドゥール・シュル・グラヌは、当時の惨たらしい出来事を今に伝え続けている。

6ヶ所あった成人男性虐殺場の内の1つ、ブシェールの納屋

犯罪歴史博物館

イタリア・トリノ

囚人の頭部や頭蓋骨を展示

処刑された囚人の頭蓋骨383個を展示

大きな眼窩、
高い頬骨などが
特徴らしい

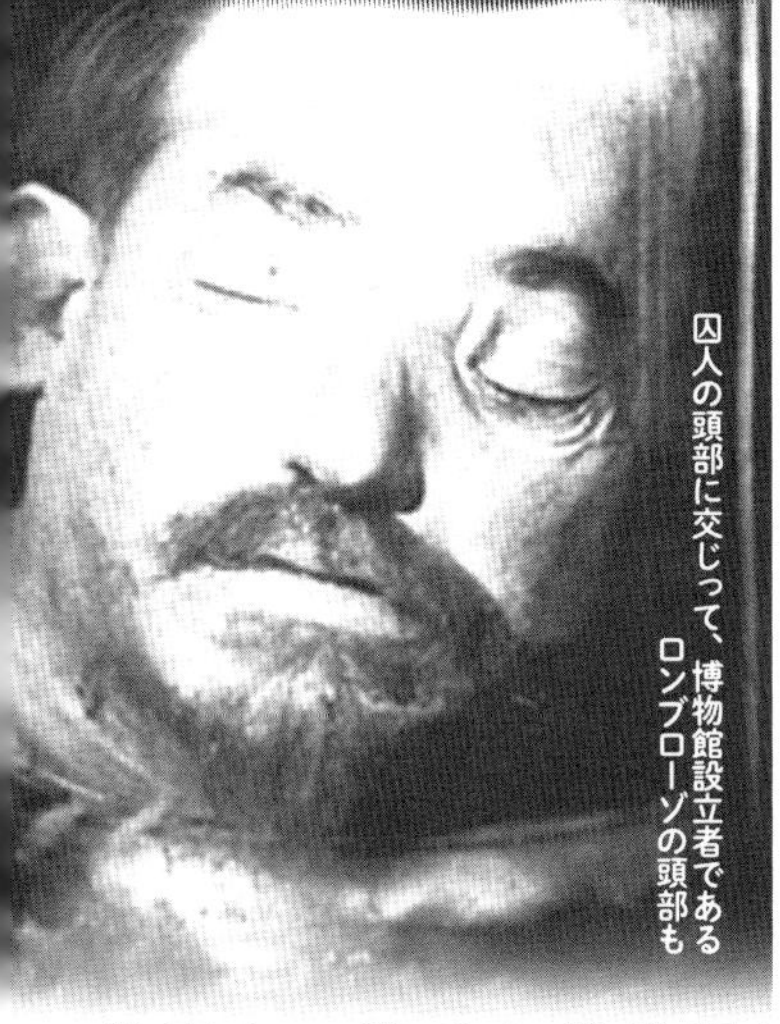

囚人の頭部に交じって、博物館設立者であるロンブローゾの頭部も

イタリア・トリノの犯罪歴史博物館は、研究のため解剖した383個にも及ぶ囚人の頭蓋骨を展示していることで有名だ。正式な博物館の名前は、チェーザレ・ロンブローゾ。イタリアの精神科医で犯罪人類学の創始者にして「犯罪学の父」とも呼ばれる人物の名である。

彼が行った研究のうちで最も有名なのは、1876年に上梓した『犯罪人論』の中で唱えた「生来的犯罪人説」だ。これは、人間の身体的・精神的特徴と犯罪との相関性を検証したもので、処刑された囚人の遺体を解剖して頭蓋骨の大きさや形状を丹念に観察したり、刑務所や精神病院で4千人ほどの受刑者の容貌や骨格の研究、さらには犯罪者や精神障害者らが書いた文章や作製した作品なども大規模に収集した結果、凶悪な罪を犯した人間には共通する特徴があるとした。身体的には「大きな眼窩」「高い頬骨」「小さい頭蓋骨」「異様に大きな親知らず」「発達しすぎていない顎」「長すぎる手」など18項目。また精神的特徴として「痛覚の鈍麻」なども挙げられた。当初、この理論には批判が集まったが、現在は、刑法学に実証主義を導入したことで一定の評価を得ているそうだ。

博物館内には、ロンブローゾが検証に使った頭蓋骨だけでなく、凶器や、殺人者及び被害者の人体模型など様々なコレクションが多数展示されている。

ポヴェーリア島

イタリア・ベニス

16万人のペスト患者が死亡した島

樹木に飲み込まれた廃病院

散乱したベッドが不気味

手術室と思われる部屋

水の都として観光客で賑わうイタリア・ベニス。その近くに小さな無人島がある。「世界で最も幽霊を見る場所」と言われるポヴェーリア島だ。
アジアからヨーロッパにかけてペストが大流行した14世紀、ベニス当局は患者を隔離するための施設を島に建設した。が、当時、抗生物質は発見されておらず治療法はなし。ただ死ぬのを見守るしかなかった。ポヴェーリア島への隔離は、ペストが流行し始めた1348年から1793年まで続く。この間に島に送られたペスト患者は実に16万人強。全員が命を落としたため、行けば二度と生きては帰れない〝死の島〟と恐れられていた。さらに20世紀に入ると精神病棟も建設。精神に異常をきたした患者を隔離、幽閉し、噂では医者が彼らを人体実験の道具に使ったという。
こうした歴史ゆえ、1968年に病院が閉鎖に追い込まれて以降、幽霊の目撃談が多数報告されるようになる。地元の人々は「島の土壌の半分は死者の灰」と恐れているそうだ。関連施設は廃墟となったまま今も残り、マニアが時折足を運んでいるが、観光局は立入禁止区域に指定。現在は政府が島をオークションに出品しているという。

テレマ僧院

イタリア・シチリア

クロウリーが活動の拠点とした寺院跡。この中で麻薬やセックスを応用した胡散臭い儀式が行われていた

「世界で最も邪悪な男」が建てた怪しい西洋魔術の伝道場所

クロウリー本人。タロット愛好者の間では「トート・タロット」の考案者としても知られる

イギリスのオカルティストで、その奔放な活動からメディアに「世界で最も邪悪な男」と称された人物がいる。アレイスター・クロウリー。1875年、イングランドに生まれた彼は若い頃からオカルトに傾倒し、1907年、32歳で神秘主義結社「銀の星」を創設。生涯で147冊ものオカルト書籍を著し、後にデヴィッド・ボウイやジミー・ペイジなど多くのミュージシャンに影響を与えた（ビートルズの「サージェント・ペパーズ・ロンリー・ハーツ・クラブ・バンド」のアルバムジャケットにもその姿が描かれている）。

そんな摩訶不思議な男クロウリーがイタリア・シチリアのチェファルにテレマ僧院を開設したのは1920年。近代西洋儀式魔術の伝道場所として、自身が研究開発した麻薬を用い性行為を応用した儀式を行う。が、1人の男性信者が感染症に罹った猫の血を飲み死亡したため、当時のイタリア首相ムッソリーニから国外退去を命じられる。その後、彼は各地を転々とし、1947年、イギリスの片田舎で72歳で死去するのだが、テレマ僧院の建物は現在も廃墟として同じ位置に残り、不気味なオーラを放っている。

寺院は廃墟と化し、中は荒れ放題

ボマルツォ怪物公園

イタリア・ウンブリア州

400年の眠りから覚めたモンスター

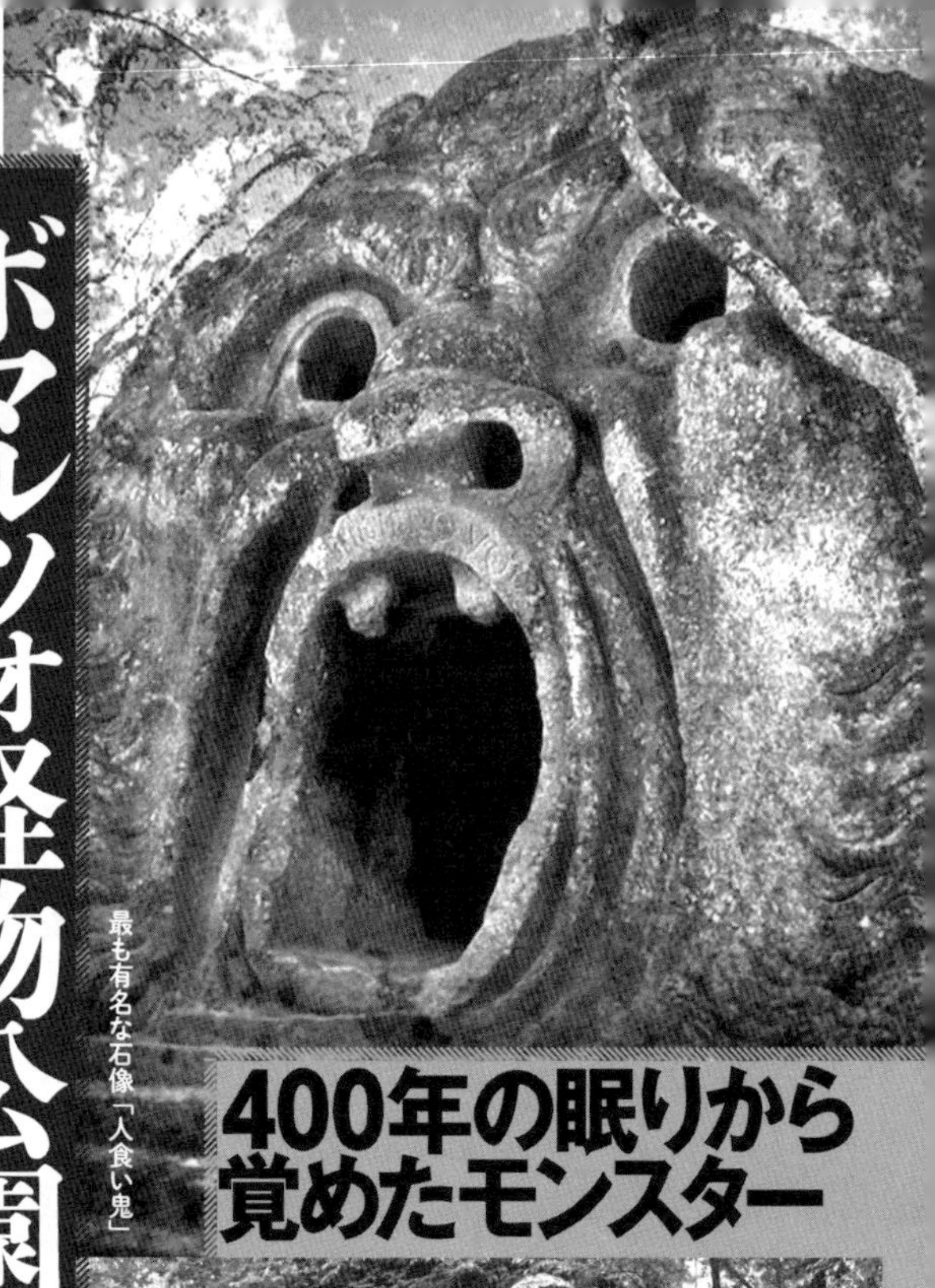

最も有名な石像「人食い鬼」

16世紀の貴族が、亡き妻への悲しみから造った彫刻

イタリア中部ウンブリア州のボマルツォという街に、奇妙な公園がある。恐ろしい形相をした彫刻が敷地全体に点在しているから「怪物公園」と呼ばれるスポットだ。

公園が誕生したのは1552年のこと。当時、この地域を治めていた貴族、オルシーニ家のピエール・フランチェスコ王子が最愛の妻を亡くし悲しみに打ちひしがれている中、その苦痛から解放されるため設立したという。王子が設計を依頼したのは、ルネサンスを代表する建築家ピッロ・リゴーリオである。イタリア貴族の邸宅や別荘を多く設計、イタリア式庭園のスタイルを確立させたといわれる人物で、ミケランジェロの死後、サンピエトロ寺院の建設を引き継いだのもリゴーリオだ。

そんな大建築家が造ったにもかかわらず、フランチェスコ王子の死後、この庭園はすっかり忘れ去られてしまう。しかし、約400年後の1954年、1人のイタリア人がこの土地を購入、丁寧に修復したおかげで、公園の怪物たちは眠りから目覚めたのである。

公園内にある奇妙なモニュメントの数は全部で24。苔むした状態がさらに恐怖を際立たせている

ブーヘンヴァルト強制収容所跡

ドイツ・テューリンゲン地方

記念碑として残された監視塔。脱走防止のため、何重もの高電圧有刺鉄線が張られている

囚人を見張る監視塔や死体焼却炉を保存

解放時、死体焼却炉棟の前で発見された囚人の遺体

第二次世界大戦時、ナチスが占領下のヨーロッパ各地に設置した強制収容所は約50ヶ所。ドイツ・テューリンゲン地方のエッテルベルクの森の丘の麓に1937年4月に設置されたブーヘンヴァルト強制収容所もその一つで、1945年4月のアメリカ軍による解放を迎えるまで、ここで約25万人が拘留され、およそ5万5千人が殺害されたという。

現在の死体焼却炉棟と内部。"効率良く焼く工夫"がなされた焼却炉が置かれている

ブーヘンヴァルトには5つの区域が存在した。1区は囚人用の住居スペース、2区は収容所全体の司令部、3区は看守である親衛隊員の兵舎、4区は親衛隊の経済管理本部長が経営していたドイツ軍需産業社の作業場、5区は兵器工場の作業場。このうち囚人が住んだり労働を強いられた1区、4区、5区の周りは高電圧鉄条網で囲まれ、一定間隔で建てられたサーチライトと機銃付きの監視塔が常に囚人たちに睨みを利かせていたそうだ。

現在、収容所跡には当時の監視塔や貯蔵塔などが記念碑として残され、実際に使われた死体焼却炉や生体実験器具や死体置き場など、当時を物語る史料が数多く保存されている。

旧ユダヤ人墓地

チェコ・プラハ

圧巻の風景。プラハの有名な観光スポットでツアーも実施されている

迫害の歴史を伝える約1万2千基の墓石

数ある墓石の中でも最も有名な、プラハのラビ（ユダヤ教の神父）で神秘思想家のラヴ・レーヴの墓石

ユダヤ人の迫害といえば、第二次世界大戦時、ナチスによるホロコーストをイメージしがちだが、その歴史はイエス・キリストが磔《はりつけ》で処刑されたとされる紀元30年にさかのぼる。そもそもキリスト教の起源はユダヤ教にあるが、その後分離し、キリスト教徒はイエス・キリストを救世主として認めなかったユダヤ人を蔑み、またイエスが磔にされた責任もユダヤ人に求める。やがてキリスト教がヨーロッパに広がるなか、ユダヤ人は「キリスト教を冒涜する存在」として憎悪され、様々な差別・迫害を受けることになる。

ヨーロッパ全土には、こうした歴史の中で命を落としたユダヤ人を埋葬する墓地が数多く存在しており、その中でも最も重要とされるのが15世紀半ばに造られた、チェコの首都プラハの旧ユダヤ人墓地だ。確認できる最も古い墓石は１４３９年に葬られた学者で詩人のアヴィグドル・カラのもので、以降、この墓地は１７８７年まで機能した。

現在、残る墓石は約1万2千基だが、埋葬された死者数は約10万人にのぼるとされる。ユネスコの世界遺産にも登録された当地を訪れると、ユダヤ人が背負ってきた哀しみの歴史がひしひしと伝わってくるだろう。

墓地敷地内に置かれたライオンの標

聖ジョージ教会

チェコ・ルコヴァー村

不吉な歴史を持つ教会に
佇む幽霊の彫像

白いマントをかぶった大量の幽霊が

石膏でできたおよそ30体の
幽霊が設置されている

チェコのルコヴァー村に不気味な教会がある。聖ジョージ教会。教会内に、白いフードですっぽり顔を覆った幽霊のような人物が、祈りを捧げるかのように居座っているのだ。

1352年に完成した同教会は、その後約300年間にわたりたびたび火災に見舞われ、住民はここを不吉の象徴と考えるようになった。1968年には、葬儀中に屋根の一部が崩落する事故が発生。住民の間に「教会に取り憑いた霊が人を拒否している」という噂が広まり、以来、人々は教会の中に入らず、外で礼拝を行うようになる。

一方、歴史ある教会がこのまま滅びていくのも忍びないと、住民は寄付金により廃墟化した建物を修復できないかと思案。地元・西ボヘミア大学で彫刻を専攻するヤコブ・ハドラヴァに良案を求める。対し、ハドラヴァが提案したのは、教会に幽霊の彫像を置くことだった。第二次世界大戦前にルコヴァー村に住み、歴史に翻弄されたドイツ系住民の幽霊を具現化するのがハドラヴァの目的だった。

果たして、このアイデアは大成功に終わる。住民が教会を恐れず喜んで中に入るようになったばかりか、世にも珍しい幽霊彫刻を一目見ようと多くの観光客が訪れ、彼らの寄付金により教会の建物は見事に修復されたのである。

幽霊と一緒に教会の椅子に座る人々。シュールな絵面ではある

セドレツ納骨堂

チェコ・プラハ

死者の人骨で作られた8腕のシャンデリア

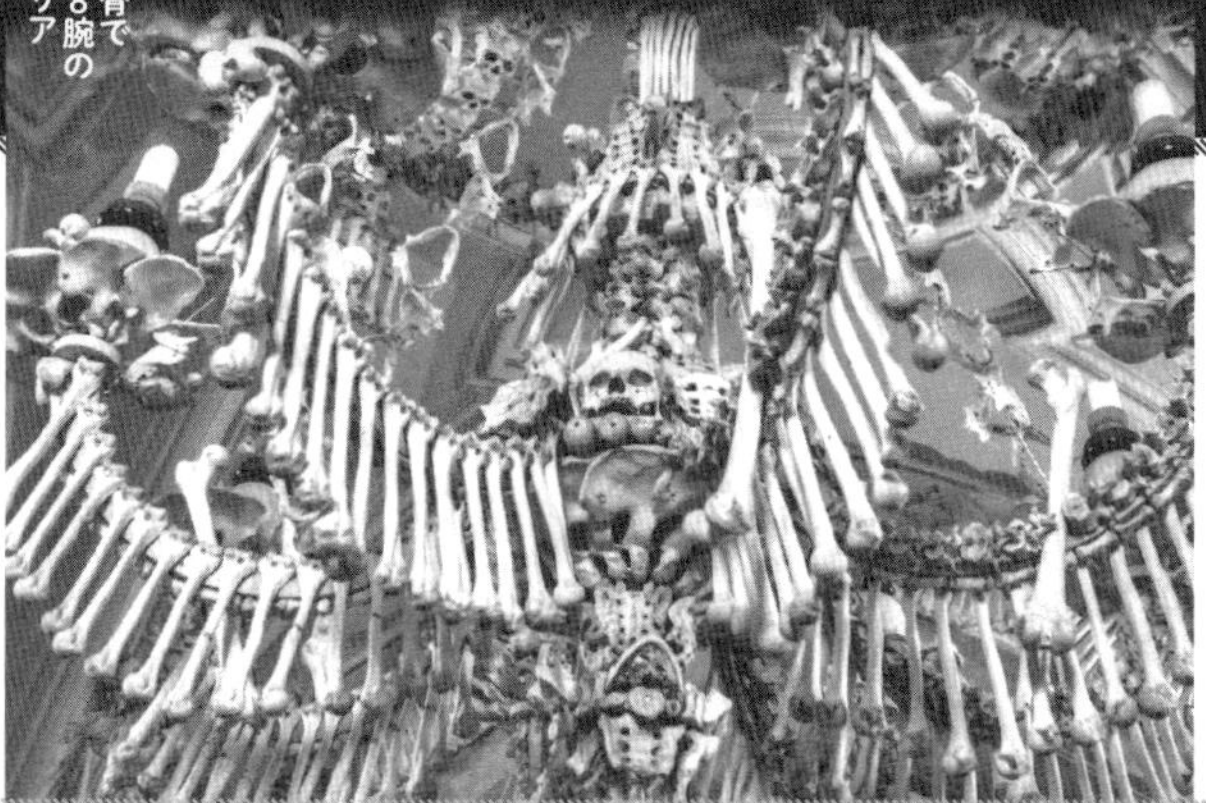

1万人の人骨で装飾された教会

納骨堂のある全聖人教会。
カトリック教会の聖堂として
毎年約15万人が訪れる

チェコの首都プラハから東に約70キロほどの街クトナー・ホラ近郊のセドレツにあるセドレツ墓地。その敷地内に建つ全聖人教会には約4万人の人骨が保管されており、うち1万人分が教会地下の納骨堂の装飾に使われている。なぜ、このような不気味な装飾が施されたのか。歴史は14世紀半ばに遡る。

当時、ヨーロッパでペストが大流行しチェコでも約3万人が死亡、当墓地に埋葬された。また15世紀のフス戦争では数千人の犠牲者が弔われ、15世紀初頭、敷地内に建てられた教会の納骨堂に約4万人の人骨が納められる。それから約460年が経過した1870年、当時、教会を所有していた伯爵家が木彫家フランティシェク・リントに内装制作を依頼した。その注文内容は、内装の素材に木材ではなく、納骨堂に納められていた人骨を用いるというとんでもないものだった。

依頼に応じてリントは1万人分の人骨を使い、天井、柱、壁、シャンデリア、聖杯、紋章など全てを人骨で作製。それは、予想を超えた骸骨アートとして注目を集め、現在、多くの観光客が当地を訪れている。

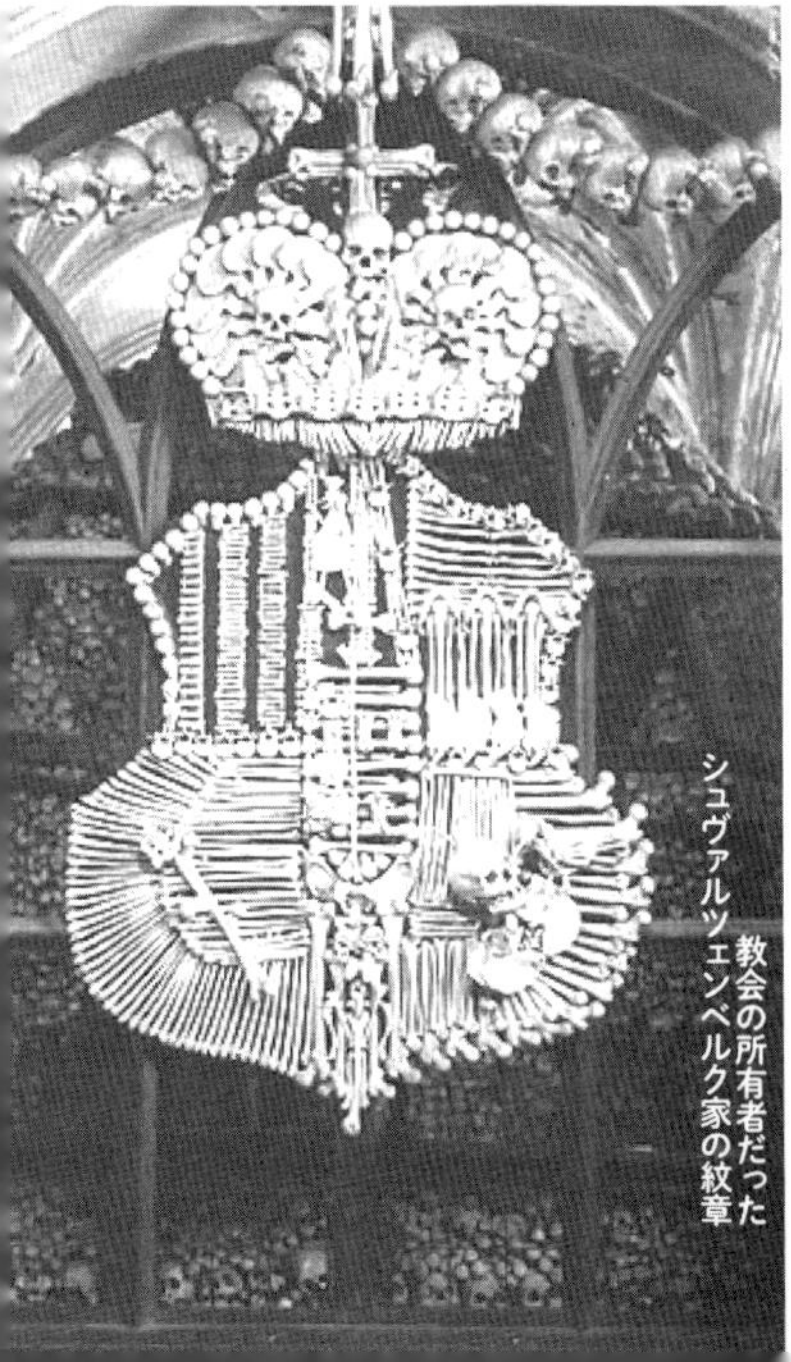
教会の所有者だったシュヴァルツェンベルク家の紋章

ウトヤ島

ノルウェー・ティーリフィヨレン湖

事件から8年。現地には犠牲者を悼む慰霊碑が数多く建てられている

10代の若者69人が殺害された惨劇の地

献花する子供の姿も

2011年7月22日、ノルウェーの首都オスロ政府庁舎爆破事件に続き、銃乱射事件の現場となったのがウトヤ島である。ここはオスロ市街地から30キロほど離れたティーリフィヨレン湖に浮かぶ小さな島で、森林に覆われた自然豊かなリゾート地だ。ノルウェー労働党（社会民主主義政党）の青年部が所有し、その日も、全国から10代の若者700人が集まり、恒例のサマーキャンプが行われていた。

午後5時、極右思想を持つキリスト教原理主義者アンネシュ・ブレイヴィーク（当時32歳）が、オスロで政府庁舎を爆破、8人を死亡させたその足でウトヤ島に上陸。警官の制服姿で「爆破テロ捜査のため」と偽り、若者達を整列させたうえで無差別に銃を撃った。犠牲となったのは69人。事件直後、メディアが撮影した映像には、島の至るところで横たわる犠牲者の姿が映し出されていた。

現在、島のあちこちに慰霊碑が設置され、献花する人々が後を絶たない。

多くの若者が倒れていた桟橋(上)と、報道された犠牲者の姿。いずれも事件当日の様子

パワープラントIMの冷却塔

ベルギー・シャルルロワ工業地帯

冷却塔の内部。幾何学的な設計がアートのよう

廃墟となった金属の巨大空間

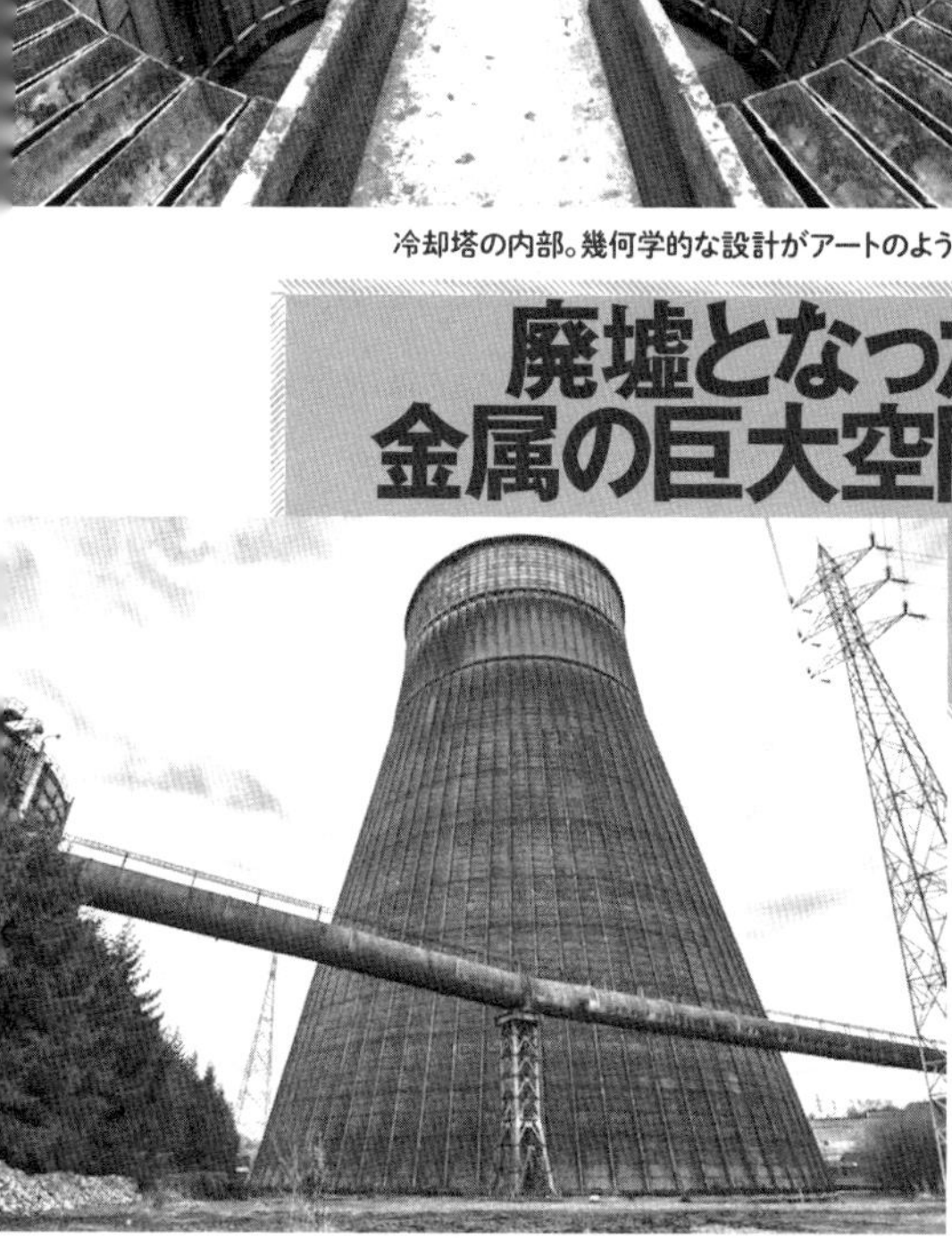

外観。その巨大さに圧倒される

１９２０年に建設されたパワープラントＩＭは、ベルギー最大の電力会社によって運営されていた同国最大の火力発電所の一つで、この冷却塔で水を循環させ発電所を冷却していた。が、環境保護団体からの圧力により２００６年に営業停止に追い込まれ、冷却施設も閉鎖。再稼働に向けて努力を続けていたものの果たせず、建物は廃墟と化す。

傑作SF映画「未来世紀ブラジル」はここで撮影された

金属で覆われた巨大な冷却塔内部の空間が独特の世界観を持つと評判になり、１９８５年のＳＦ映画「未来世紀ブラジル」のロケ地に使われたこの場所は、その後ヨーロッパで一番クールな廃墟として、冷却塔の建物が〝冷却塔廃墟の女王〟なる称号が与えられるなど大人気を博すようになる。が、現地ではセキュリティが整備されていないことから、鉄を窃盗していくなどトラブルが発生。取り壊しの噂もあるようだ。

吸い込まれそうな迫力

ホイア・バキュー森

ルーマニア・トランシルバニア地方

怪奇現象やUFO目撃談が頻発する「呪われた森」

森は、ルーマニアの
バミューダ・トライアングルとも称される

1986年、生物学者アレクサンドル・シフトが
この地で撮ったUFOの写真

奇妙にねじ曲がった木々

ドラキュラ伝説で知られるルーマニア中部のトランシルバニア地方に〝ルーマニアのバミューダ・トライアングル〟と呼ばれるホイア・バキュー森がある。１９８６年、生物学者のアレクサンドル・シフトがこの場所でＵＦＯの写真を撮って以来、あまりに不可解なことが起こる〝呪われた森〟として世界に知られるようになったスポットだ。

昔、２００頭の羊とともに消えた羊飼いの名前がついたこの森では、数多くの人が行方不明になっただけでなく、不思議な光が目撃されたり、近くを歩いた人が体に火傷を負ったり、森に入ってすぐに出てきたと思っても実際は何日も経っている「タイムレス」なる現象も起きるのだという。さらには、オーブや人型の影を見た、まるで拷問でも受けているような叫び声がするなどの話も後を絶たず、中には女の子の笑い声を聞いたという人もいるそうだ。また、怪奇現象が起こるのは「サークル」と呼ばれる森の奥の空き地が多く、ここでは過去に虐殺が行われたという噂もあるという。

地元の人々はこの森に近づこうとはせず、ルーマニア政府も観光客に安易に森に立ち入らないよう注意勧告を出している。

ダルガフス

風光明媚な場所に建つ
97の墓に1万人が眠っている

ロシア・北コーカサス地方

コレラ感染者ら1万人が埋葬された「死者の村」

墓地を覗き込むと、いまだ散らばった骨を見ることができる

丘に白い家が立ち並び中世風の村のような風光明媚な場所。ロシア・北コーカサスの山岳地帯にあるダルガフスの景観は、一見そんな印象を抱かせる。が、実はここ、約1万人が埋葬されている共同墓地だ。

14〜18世紀、この地は墓地として使われる一方、山岳系民族オセット人が居住していた場所でもある。18世紀、コーカサスがコレラの大流行に見舞われた際、感染者の出た家族は、感染の拡大を防ぐためダルガフスに隔離され、ただ死を待つしかなかったという。やがて、村民はこの地を去り平野に移り住むことを決め、以来、ダルガフスに足を運んだ者はまもなく死ぬ、不用意に訪れたら霧がかかって麓《ふもと》まで帰れなくなる「死者の村」として噂されるようになる。実際、20世紀初頭までは、当地は誰も近寄らない墳墓だけの場所だった。病気が解き放たれるのを恐れたのだという。

しかし、1917年のロシア革命以降、墳墓荒らしが続出。現在も多くの観光客が訪れ、遺体の骨や頭蓋骨を土産品として持ち帰っているという。

墳墓には数階建てのものや、地面にすっぽり埋まり地上から見えないものもある

ポル=バジン遺跡

ロシア・トゥヴァ共和国

遺跡は島いっぱいに築かれた壁に囲まれている

シベリアの奥地に眠る謎の城塞

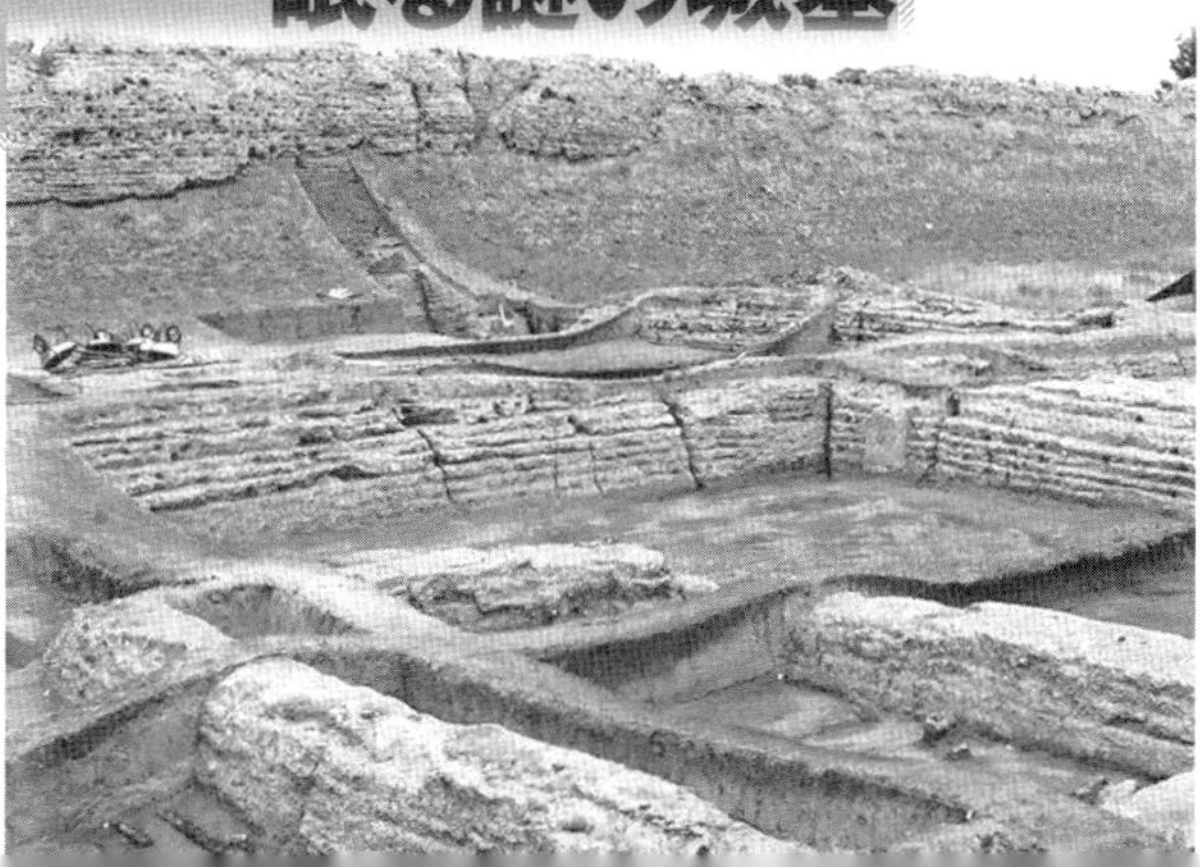

1300年前に建てられたものらしい

2007年に行われた調査では中国風の魔除けの龍を刻んだタイル(上)などが発掘された

南シベリアの標高2千300メートルに位置するテレホリ湖に浮かぶ小さな島に「ポル＝バジン(粘土の家)」と呼ばれる遺跡がある。城壁に囲まれ、城塞にも監獄にも見えるが、1891年に初めて調査されて以降、誰が建て、なぜ放棄されたのか、その使用目的すら謎に包まれている。

現地では1950年代、及び2007年に行われた大規模な調査により、人間の背丈ほどの粘土製の平板や漆喰の壁に描かれた絵画、巨大な門、木の燃え跡が発見された。

専門家によれば、遊牧国家、回鶻(西暦744～840)と同時期に建設されたもので、1300年前のものとしては非常に保存状態が良いらしい。が、居住地や交易ルートから遠く離れた辺鄙なこの場所に城塞らしきものをあえて築いた意図は不明。2007年、現地を訪れたプーチン大統領は、「これまでいろいろな場所を訪れ、数多くの物を目にしてきたが、こんなところは初めてだ」と、困惑しながら感想を漏らしたそうだ。

現在、遺跡は、土台となっている永久凍土層が解け始め、謎が解き明かされる前に滅亡の危機に瀕しているそうだ。

ロシア・ザバイカル

クアンディンスキー橋

世界で最も渡るのが怖い橋

凍りついた橋を行く車。後戻りもできない

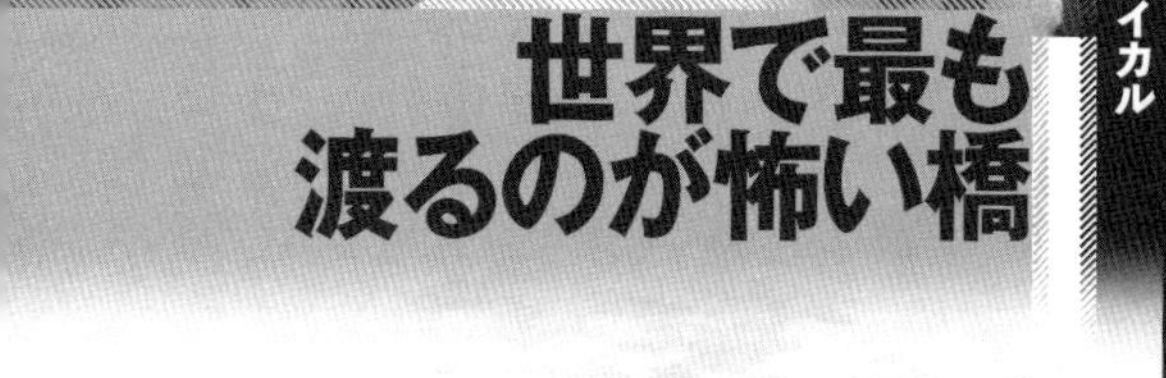

建設から30年以上経った橋は錆び付き、老朽化が激しい

いつ倒壊してもおかしくない状態だが…

世界には数えきれないほどの橋が存在するが、車が渡れるもので最も恐ろしいのがロシア・ザバイカルにあるクアンディンスキー橋だろう。ヴィティム川の両岸570メートルをつなぐこの橋の幅はわずか2メートル。ガードレールや手すりなどの安全対策は一切ない。

もともとはバイカル・アムール鉄道という、シベリア東部とロシア極東地域間4千キロを結ぶ鉄道用として設計されたものの、途中で頓挫。付近のクアンダ村の住人が使い始めたという。が、建設から30年以上が経ち、金属製の枠組みの上に木製の枕木が打ち付けられただけの橋は傷みが酷く、徒歩で渡るのもヒヤヒヤものだ。

特に怖いのは冬季だ。橋があるのはバイカル湖東部のシベリア。極寒の地である。冬季、金属製の枠は凍り付き、雪や氷で覆われた枕木は、まるでスケートリンクのように滑りやすい。そのうえ風も非常に強く、車で通行する際は、慣れたドライバーでさえ窓を全開にして煽られる力を最小限に抑える必要があるという。一歩間違えば、凍てついた川に転落。心臓マヒは避けられない。にもかかわらず、各地から命知らずのチャレンジャーたちが、ひっきりなしにこの橋を訪れているそうだ。

「カティンの森」記念施設

ロシア・スモレンスク

犠牲者の遺体が埋葬された墓地

ポーランド人将校ら約2万2千人が虐殺

1943年2月、遺体発見時の写真

敷地内には、将校らが連行された列車も保存されている

第二次世界大戦中の1940年3月、ポーランドは西側からドイツ、東側からソ連に侵攻されていた。そんな絶体絶命の状況下、ソ連に占領されたポーランド東部で捕虜になった20万人のうち、コジェルスク収容所に収容されていたポーランド人将校や、医者や弁護士などのエリート約2万2千人が、モスクワ西部のスモレンスク郊外の森で虐殺された。いわゆる「カティンの森事件」である（カティンは現場近くにあった街の名称）。

虐殺命令を下したのは、ソ連の当時の最高指導者スターリンである。が、ソ連は遺体を発見（事件から3年後の1943年2月）したナチス・ドイツに犯行をなすりつけ、ソ連崩壊直前の1990年、ゴルバチョフ大統領が自国の犯行と認めるまでの50年間、事の真相をタブーとした。

現在、スモレンスクの虐殺現場には記念館が建ち、犠牲者の墓地と、彼らの名前を刻んだ慰霊碑が設置されている。他にも、犠牲となったポーランド全土、アメリカ、イギリスなど欧米各地にも犠牲者を悼む記念碑が建っている。

サレハルド・イガルカ鉄道

ロシア・サレハルド

何もない原野に延びる廃線

数万人の死者を出したスターリン時代の負の遺産

労働に従事したのは、強制収容所に入れられた人たちだった。写真は当時のもの

ロシアのヤマロ・ネネツ自治管区の中心地サレハルドは世界で唯一、北極圏線上にある街だ。この極寒の地の郊外に、「死の鉄道」「死者の道」など不吉な呼び名で知られるサレハルド・イガルカ鉄道の跡が残されている。何もない原野に、ただ朽ち果てた線路が延々と続く様は、この世の終わりにも例えられるほど無残だ。

現地には、試運転に使われた車両の残骸も

第二次世界大戦後の1947年、ソ連の支配者スターリンは、永久凍土の1千300キロに線路を敷き、シベリアの東西を繋ぐ工事を計画・実行した。労働力として駆り出されたのは収容所にいた政治犯の市民、戦争捕虜、敵対的とみなされた外国人たち。彼らは民衆の敵として辱めや拷問を受け、劣悪な環境下で苛酷な労働を強いられた。

永久凍土や沼地という悪条件に加え、冬は氷点下50度の暴風雪。夏には蚊やブヨや寄生虫が蔓延し、おまけに重機もなく物資すらないお粗末さ。それでも労働者たちは年間100キロ以上の速度で鉄道を敷設し続けた。が、53年、スターリンが亡くなると、工事は途中で中止となる。698キロの線路が、未完成のまま放り出されたのだ。

奴隷のように働かされた労働者は8万人から12万人、一説では30万人ともいわれ、その3分の1が建設中に命を落としたという。まさに悪夢だ。

プリピャチ

ウクライナ・キエフ州北部

現在の街並み。
奥にチェルノブイリ
原子力発電所跡が見える

チェルノブイリ原発事故で完全無人化

ミイラ化した犬。避難時、ペットの連れ出しは許可されなかった

事故発生の5日後に
開園予定だった遊園地も廃墟に

ウクライナ・プリピャチは、1986年4月26日発生のチェルノブイリ原子力発電所事故によりゴーストタウンと化した街だ。現在も少数の住民が残るチェルノブイリより、さらに原発に近かったこともあって街は完全に無人となり、郵便番号も消滅した。

街は1970年に原発作業員の居住地として作られ、当時は地図上にない閉鎖都市だったが、事故直前の人口は約5万人。エレベーター完備の高層マンションが建ち並び、15以上の学校や幼稚園、病院、公園などを備え、活気に溢れていた。

事故当日、プリピャチ市内の放射線量は14～140ミリレム/時で、自然放射線の1千倍～1万倍以上を記録する。住民は身分証と3日分の食料だけを携え、バスで50～60キロ離れた街に避難。以後30年以上、故郷を追われたままの暮らしを余儀なくされている。

マンションや学校、旧ソ連軍の装甲車やヘリコプター、トラックなどが高レベルの放射性物質を蓄積したまま放置されたプリピャチ。街が安全を取り戻すには、概算で900年かかるそうだ。

ドネツク国際空港

ウクライナ・ドネツク州

ウクライナ騒乱で瓦礫の山に

政府軍と親ロシア軍の戦いの舞台となったドネツク国際空港

２０１４年2月、ウクライナの首都キエフで、反体制派の市民と警察が武力衝突し13人の警察官を含む少なくとも82人が死亡、１千１００人以上が負傷する事件が起きた。いわゆる「ウクライナ騒乱」である。

元々ウクライナは、国土の西側のウクライナ系住民と、東側のロシア系住民で構成され、それぞれが1つの国家として独立できるほど思想も支持も違う。西が親欧米派なら、東は親ロシア派で、西がチェルノブイリという巨大な負債を抱える傍ら、豊富な地下資源がうなる東という経済格差もある。

戦闘前と後で姿が一変

こうした背景下、自国のメリットを考える欧米諸国（日本を含む）とロシアが干渉し、ウクライナ東部地域で親ロシア系武装組織（反政府勢力）の活動が活発化。ウクライナ騒乱が勃発し、ドネツク州のドネツク国際空港は、武装組織によって完全制圧されてしまう。それに対抗し、政府軍側は空港建物に固定翼機と武装ヘリコプターによる空爆を実施し、空挺団を投入して反撃を開始。数時間に及ぶ激戦で多くの死傷者を出しながら空港の奪還に成功。その後も戦闘は続き、２０１５年1月、再び親ロシア派が空港を制圧。政府軍は撤退を余儀なくされている。

写真のとおり、これら一連の戦闘により、ドネツク国際空港及び周辺施設は破壊され、瓦礫の山となってしまう。現在もおびただしい数の銃痕が残る空港では、当然ながら航空便の運航はない。

ホロドモール犠牲者メモリアル

ウクライナ・キエフ

キエフのムィハイロ広場に建てられた少女像の慰霊碑

スターリンによる計画的餓死者1千万人を追悼

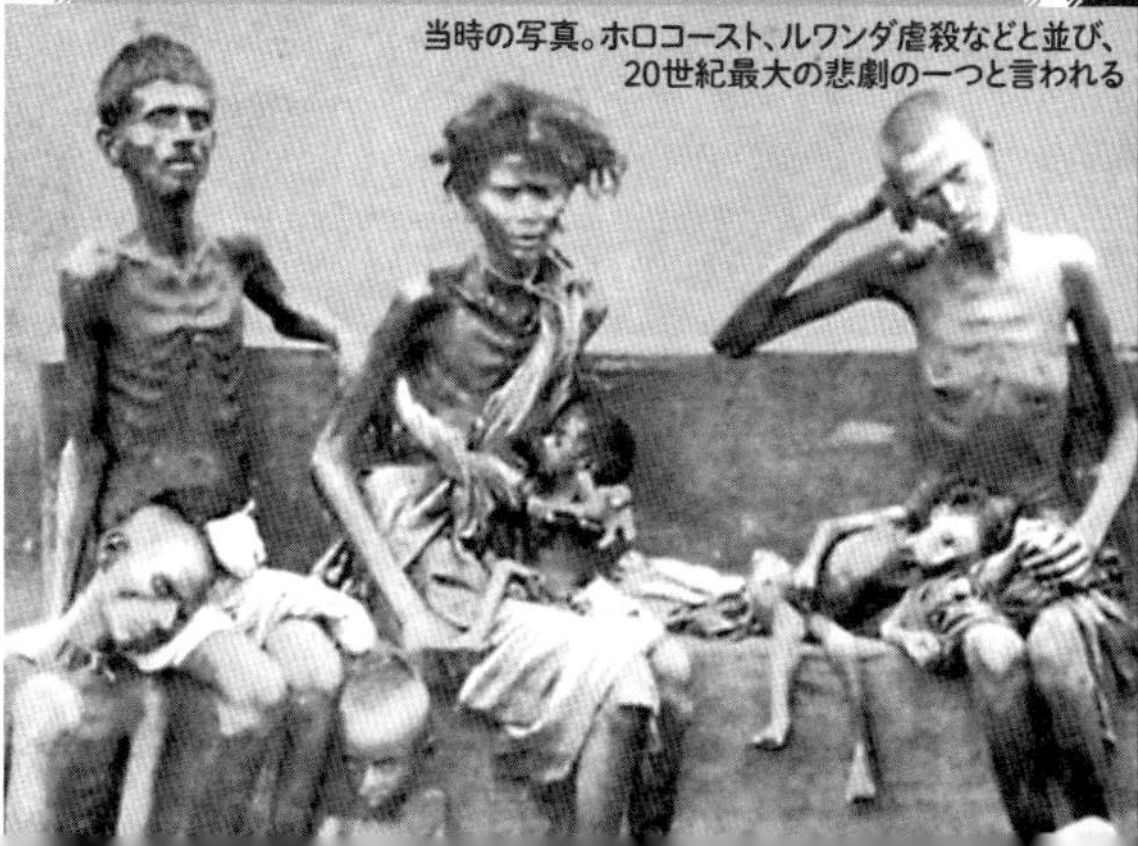

当時の写真。ホロコースト、ルワンダ虐殺などと並び、20世紀最大の悲劇の一つと言われる

犠牲者の写真の展示も

肥沃な土地で小麦を栽培し〝世界の穀倉地帯〟と呼ばれたウクライナ。１９９１年のソ連崩壊まで連邦国の一つだったこの国で、第二次世界大戦前の１９３２年から１９３３年にかけ、1千万人以上の餓死者を出す大飢饉が起きた。いわゆる「ホロドモール」だ。これは天災ではなく、時の最高指導者スターリンが、ウクライナから収穫される小麦の輸出による外貨取得を目指した計画的犯罪である。

ソ連政府は、ウクライナの富農をことごとく銃殺し、15万世帯をシベリアやウラル地方の建物も何もない土地に強制移住。残った農民に「コルホーズ（集団農場）」で労働を強制し、徹底的に搾取した。結果、人々は飢餓に陥り、鶏や犬や猫、ドングリやイラクサまで食べ尽くし、ついには病死した馬や赤ん坊さえ口にするようになる。街の通りには死体が転がり、所々に山積みにされ、一帯は死臭が漂っていたという。

長年ロシアはこの事実を認めなかったが、２００６年、ウクライナ議会は「ウクライナ人に対する国家的虐殺」と認定。２００８年、ホロドモールの犠牲者を慰霊する記念碑をキエフに建立するとともに、実態を伝える展示を始めた。

ハティニ・メモリアル

ベラルーシ・ミンスク地方

ナチスが村民149人を虐殺

事件現場に建つ記念碑。
かろうじて生き残った
56歳の男性がモデルで
殺された息子を抱いている

惨劇は1985年公開のソ連映画
「炎628」の題材にもなった

ベラルーシで抹殺された
185の村の土を埋葬した「村の墓地」。それぞれ名前と墓標が並ぶ

第二次世界大戦中の1943年3月22日、ドイツ占領下の白ロシア（現ベラルーシ）のハティニ村で住民が皆殺しにされた。ベルリン五輪（1936年）の砲丸投げで金メダルを獲得したドイツ人大尉が戦闘で死亡したことによる、ナチスの復讐だった。

ナチスは村に侵入すると、年齢性別関係なく、住民を納屋の中に追い込み、ワラで小屋を覆いガソリンで放火。焼け落ちる納屋から必死で外に飛び出した村民を冷静に撃ち殺した。死者149人。このうち75人が子供だった。

惨劇の中で、7歳と12歳の子供、56歳の男性の3人が生き残った。7歳児は母親が身を挺してかばい、12歳の子供は爆弾で足を失い死んだように気絶していたので助かった。また、56歳の男性は生き残ったものの息子を失い、現在、ハティニ村があった場所に設置された「ハティニ・メモリアル」の記念碑のモデルになっている。

ちなみに、第二次世界大戦中、ベラルーシだけで、5千295の村々がドイツ軍や警察に破壊され、200万人以上が虐殺されたという報告がある。この数字は、当時のベラルーシの総人口の4分の1に該当する。

クラスニー・ベーグル

ベラルーシ・ツロビン

犠牲となった子供たちを象徴する少女像。
血の色を表す赤い石の上に建っている

ドイツ兵への輸血のため2千人の子供が殺された地

子供たちが通えなかった学校をイメージしたモニュメント

ベラルーシでは、子供たちに
悲劇の史実を現地で学ばせる学校も多い

ベラルーシの都市ツロビンの郊外に「クラスニー・ベーグル」という村がある。第二次世界大戦中、ナチス・ドイツの収容所が置かれ、約2千人の子供が殺された悲劇の地だ。

ナチスの収容所といえば、アウシュヴィッツを代表とする、ユダヤ人絶滅を目的とした死の施設がイメージされる。もちろん、そこで命を奪われた子供も多い。が、ベラルーシには、親から強制的に奪われた6歳から14歳までの子供だけを収容しておく施設が存在した。目的は彼らの血液だった。

収容所の子供たちは粗末な建物に住み、ろくな食事も与えられず、普段は雑用をこなしていた。が、ドイツ軍兵士が負傷すると、恐ろしい手口で体内の血液を奪われた。ナチスは、まず血液が固まらないように子供に抗凝固薬を注射。そのうえで彼らを吊るすと、足の裏を切り、胸を圧迫して血を搾り取った。犠牲になった子供たちの死体は、まるで廃棄物のように投げ捨てられたという。ナチスは、こうした施設を〝献血コンベア〟と呼び、ベラルーシでは総勢3万5千人以上の子供たちが14の収容所に入れられていたそうだ。

現在、クラスニー・ベーグル村の収容所跡には記念施設が建てられ、「子供のカティン」（176ページ参照）ともいうべきおぞましい歴史を後世に伝えている。

十字架の丘

リトアニア・シャウレイ

当初、十字架の数は
130本程度だったが、
90年間で5万本以上に

リトアニア人の平和への祈りが刺さった聖地

「十字架の丘」全景

リトアニア北部の街シャウレイの郊外に、5万本を超える十字架やキリスト像が立ち並ぶ、インパクト抜群のスポットがある。通称「十字架の丘」。無形文化遺産にして、リトアニアを代表する観光地だ。

詳細はわかっていないが、その起源は14世紀。他国から侵略を受け続けていたリトアニアの人たちが、この地に十字架を持ち寄って祈ったのが始まりらしい。現在のような大型の十字架が建てられたのは1831年、ロシアに対する「11月蜂起」が失敗に終わった後だ。戦いで犠牲となった家族を悼み、遺体の代わりに十字架を建てたのである。

1918年、リトアニアは共和国として独立するも、第二次世界大戦で、再びソ連の統治下に置かれる。その間は、丘に十字架を捧げることが愛国心を示し、非暴力による抵抗でもあったという。対し、ソ連は三度にわたり、ブルドーザーで丘にある十字架を撤去。さらにはダムを作り、丘一帯を水没させる計画も立てていたそうだ。

ソ連崩壊後の1993年、ローマ教皇が訪れたことで、この丘はリトアニア人の聖地から全世界のカトリック教徒にとっての巡礼地となり、現在、世界中から人々が訪れている。

小さなロザリオから高さ数メートルもある芸術的な十字架まで種々様々

スクルンダ−1

ラトビア・スクルンダ

廃墟と化した街の空撮

ソ連軍のレーダー基地があった閉鎖都市

屋内は荒れ放題

バルト海に面したバルト三国の一つ、ラトビア共和国。第一次世界大戦後にロシアより独立したものの、第二次世界大戦でソ連に占領され、1991年に独立を回復した過去を持つ国だ。その悲しい歴史を物語るのが、首都のリガから西に約150キロ離れたスクルンダにある、「スクルンダー1」という名のゴーストタウンである。

街にソ連が宇宙監視用と早期警戒用の2つのレーダーを設置したのは1960年代のこと。研究所や軍事基地なども併設され、東西冷戦中には5千人あまりの兵士とその家族が暮らしていたという。が、場所も名前も公表されない秘密都市だった。

1991年、ソ連が崩壊。役目を失った街はそのまま見捨てられる。1998年にレーダーが完全停止し全ての住民が街を出た後、ロシア軍はこのエリアを空爆したという。

レーダー基地の時代も無人となった後も、この街は歴史にも刻まれず、地図にもない、存在しないものとされてきた。が、2015年になってからだ。グーグルマップを手がかりに訪れた2人の米軍兵が当地を発見。朽ち果てていく街の中に散見する、兵士を鼓舞するポスターや、剥がれ落ちた勝利のメッセージなどをネットにアップすると、世界中から見物客が集まりだした。現在、このゴーストタウンに入るには入場料が必要らしい。

レーダー基地や軍事施設は
空爆により破壊し尽くされている

ポトチャリ記念墓地

ボスニア・ヘルツェゴビナ／スレブレニツァ

「スレブレニツァの虐殺」犠牲者を追悼

敷地一帯に建つ犠牲者の墓標

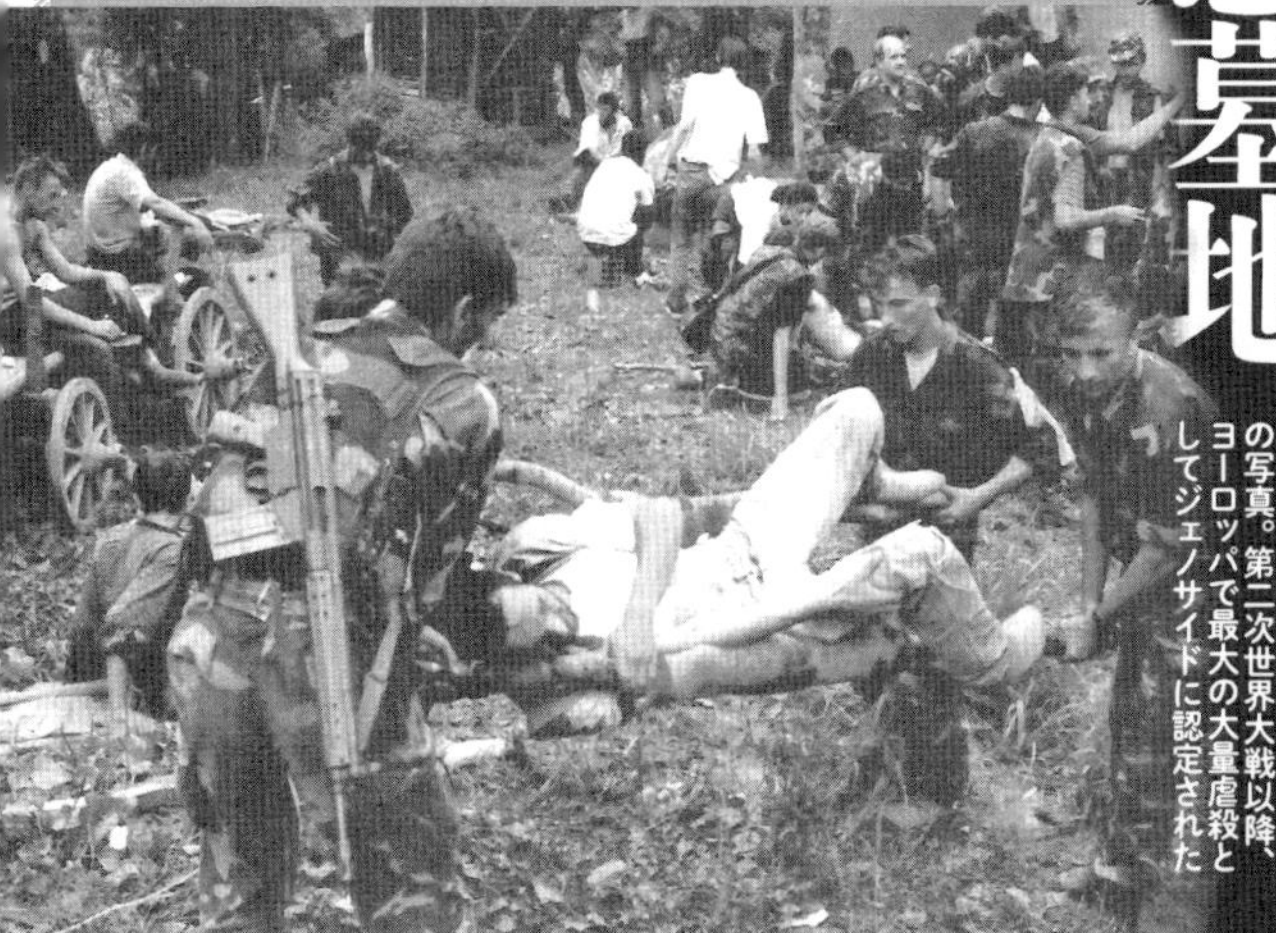

スレブレニツァの虐殺事件当時の写真。第二次世界大戦以降、ヨーロッパで最大の大量虐殺としてジェノサイドに認定された

見わたす限り墓標が並ぶのは、ボスニア・ヘルツェゴビナ東部スレブレニツァのポトチャリ記念墓地である。この街で虐殺された6千人あまりの犠牲者が埋葬された場所だ。

ボスニア・ヘルツェゴビナの歴史は悲劇の連続で、1992年に旧ユーゴスラビアからの独立後、すぐに内戦が勃発した。宗教の異なるボスニア人、セルビア人、クロアチア人の3民族が支配権を主張、1995年までの3年間続いた「ボスニア・ヘルツェゴビナ紛争」だ。次第にセルビア人勢力が優位に立って地域を制圧していく中、1995年7月、多くのボスニア人が逃げ込んだスレブレニツァで悲劇が起きる。

街はセルビア人勢に包囲され、あらゆる物資が不足して餓死者が出る状況に。これを見かねた国連がスレブレニツァを安全地帯に指定、保護軍を派遣したが状況は変わらない。そして、ついにはセルビア勢がスレブレニツァに侵入。多くの女性が強姦され、街は破壊し尽くされる。その間、少年を含む男性たちは数ヶ所に分けて拘留され、わずか10日あまりの間に6千人以上が殺害されたのだという。

紛争後の2000年、政府は発掘した遺体をDNA鑑定して個人を特定。ポトチャリに犠牲者全員の名前を刻んだ慰霊碑を建立、埋葬した。

死者、行方不明者の
名前が刻まれた慰霊碑

サラエボ・オリンピック跡地

ボスニア・ヘルツェゴビナ／サラエボ

無残な姿を晒す五輪のシンボルマーク

大会8年後の民族紛争で競技会場が徹底破壊

錆び付いたリフトと、戦闘で破壊された施設

オリンピックの会場となった場所が、大会終了後に寂れた地に化すことは珍しくないが、1984年2月に冬季五輪が開催されたサラエボ大会会場の現状は悲惨極まりない。

旧ユーゴスラビアのサラエボでのオリンピックが決定したのは1978年。ユーゴは国をあげて、新しいスタジアム、アイススケートやホッケーのリンク、スキーのコース、ボブスレーのスロープ、ジャンプ台を建設した。

スキーのジャンプ台もボブスレーのコースも廃墟と化したまま放置されている

大会は、世界49ヶ国から参加した選手が6競技39種目のメダルを争い、大成功で幕を閉じる。その8年後の1992年、悪夢の民族間戦争、ボスニア・ヘルツェゴビナ紛争が勃発する。戦闘は五輪跡地にも及び、メインスタジアムなど多くの競技施設が破壊される。その中には後に戦死者の墓場になった場所まであった。破壊された施設は戦後に再建されたものもあるが、大半の競技場が放置され現在も廃墟と化している。

ヤド・ヴァシェム

イスラエル・エルサレム

ホロコーストの犠牲者を追悼する国立記念館

「名前の広間」と呼ばれる犠牲者たちの名前、写真を連ねた部屋（上）。記念館は首都エルサレムのヘルツルの丘に建っている

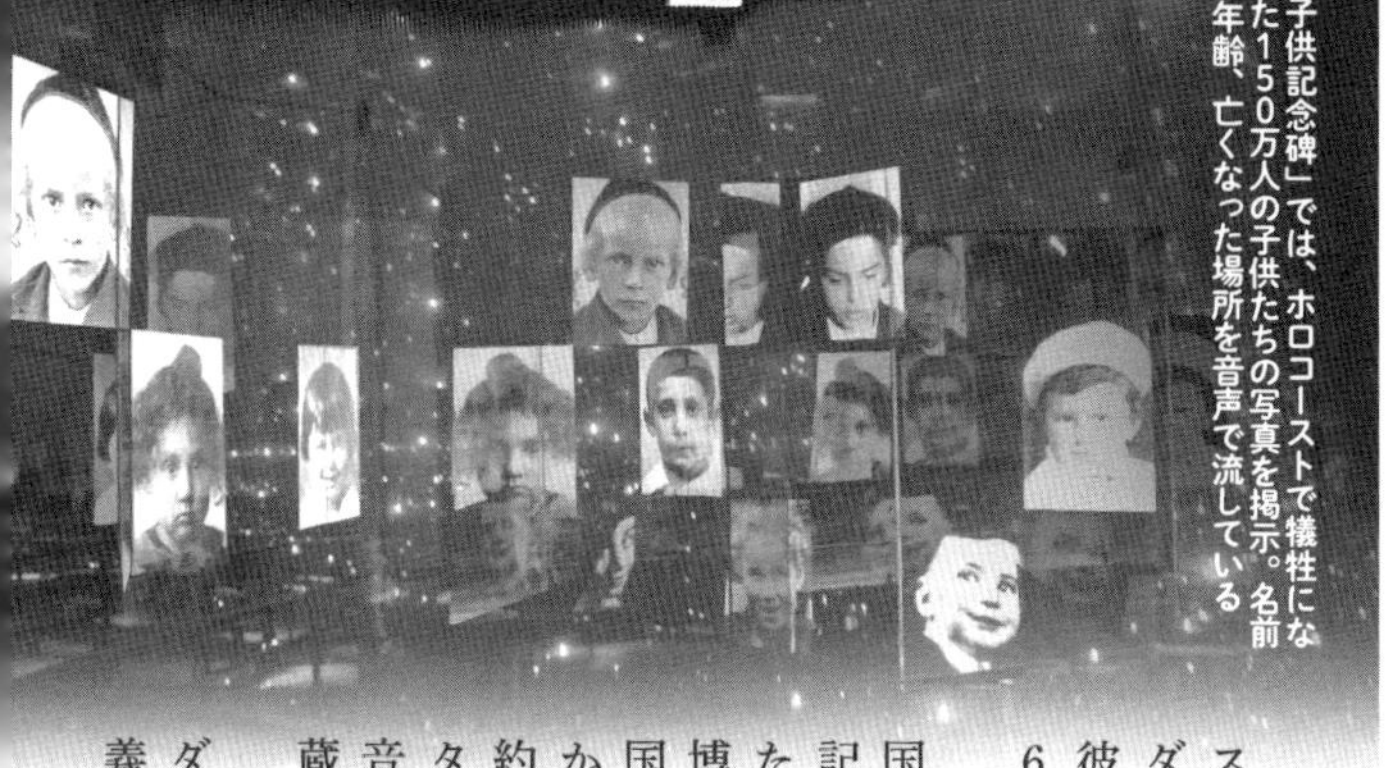

「子供記念碑」では、ホロコーストで犠牲になった150万人の子供たちの写真を掲示。名前と年齢、亡くなった場所を音声で流している

ナチス・ドイツが犯した20世紀最悪の大量殺戮、ホロコースト。ドイツ人を「優れた人種」であると信じる一方、ユダヤ人を「劣った人種」と見なしたアドルフ・ヒトラーは、彼らをヨーロッパ各地の絶滅収容所に送り、終戦までに約600万人を殺害したとされる。

1948年、ユダヤ人はイスラエルで独立を宣言。53年に国会の決議に基づき、ホロコーストの犠牲者たちを追悼し、記憶に残すための国立記念館「ヤド・ヴァシェム」を建設した。18万平方メートルの広大な施設には、ホロコースト歴史博物館、公文書保存所、図書館、出版所、ホロコースト研究国際学校、記念碑、ホロコースト関連の絵画や彫刻などが置かれ、収容所などで見つかった品々や、現在までに判明した約420万人の犠牲者の名前や4万6千人以上の証言をデータベース化。来館者にただ文書で伝えるだけでなく、映像や音声などを使った展示を行っている（2013年、記念館所蔵の展示物がユネスコ記憶遺産に登録された）。

ちなみに、記念館には危険を冒してユダヤ人を守った非ユダヤ人として、日本人で唯一、杉原千畝が1985年、「正義の人」として顕彰されている。

巨大な円盤のような外観と、荒廃した内部の装飾（下）

共産党ホール

ブルガリア・シプカ山

独裁政権の栄華を物語る党本部跡

ブルガリアの首都ソフィアから車で4時間。シプカ山の山頂に、まるでUFOのような円盤状の巨大建物「共産党ホール」が建っている。

１９０９年にオスマン帝国から独立したブルガリアは、第二次世界大戦でソ連の侵攻を受け王政が廃止され共和制が成立、ソ連の衛星国（ブルガリア人民共和国）となる。このホールは、ブルガリア共産党による一党独裁体制が権力を振るう１９８１年、党本部として建設された。周囲をぐるりと囲む壁にマルクスやエンゲルス、レーニンなど共産主義の主要人物がモザイク画で描かれ、天井には党のシンボル「鎌と槌」が。権威を誇るに十分な造りだが、１９８９年、共産党政権が崩壊し元国王が首相に就任すると、ホールは廃墟に。現在、湿気と老朽化で傷んだこの建物は人気の観光スポットになっている。

世界の絶望百景

第4章

アメリカ・アフリカ

飛行機の墓場

アメリカ・アリゾナ州

かつて空で活躍していた機体が無惨な姿に。上空からは軍事基地のように見えるが、全て売却、または解体を待つ運命にある（下）

広大な砂漠に用済みの機体が無数に

残骸と化したボーイング機

アメリカには、耐久年数（10年～20年）を過ぎ用済みとなった旅客機や軍用機が最後にたどり着く、通称「飛行機の墓場」が各地に点在している。まだ使える機体は途上国などに、部品は取り外されて航空機メーカーや航空会社などのメンテナンス用に売却され、残った機体は最終的にはスクラップにされる運命にある。

墓場に選ばれるのは空気が乾燥しており、機体を長期保存するのに最適な気候を持つ砂漠で、中でも有名なのが、アリゾナ州の砂漠地帯ツーソン近郊にあるデビスモンサン空軍基地だ。同基地は1925年に開設され、第二次世界大戦中は爆撃機の訓練基地として使われたが、戦後、退役した機体の保管場所としても利用されるようになる。

現在、2千600エーカー（1千万平方メートル強）の敷地に安置された飛行機は約4千200機。総額にしておよそ3兆円にものぼる。上空から見るその姿は威風堂々とも言えなくもないが、それぞれの飛行機がかつて空を飛び、現在は売られるか、解体される運命にあることを思えば、寂寥感漂う光景と見る方が正しいだろう。

ウィンチェスター・ミステリー・ハウス

アメリカ・カリフォルニア州

呪いを解くため家主が38年間増築し続けた謎の屋敷

サラが存命時の屋敷

現在の外観と、迷路のような内部

ウィンチェスター・ミステリー・ハウスは米カリフォルニア州サンノゼにある、オカルトファンに有名な屋敷だ。もともとは西部開拓時代、銃器の開発で財をなしたオリバー・ウィンチェスターが建てた普通の邸宅だったのだが、1866年に娘のアニー、1880年に主人のオリバー、翌年に後を継いだ息子のウィリアムが相次いで死亡。1人残されたオリバーの妻サラは孤独と喪失感に苛まれ霊媒師に助言を求めたところ、こんな答えが。

「一家の不幸は、ウィンチェスター社の銃でこれまで命を奪われてきた人々の呪いのせい。人々の霊魂を鎮めるため、家を建て続けよ」

サラは、この不可解なアドバイスに従い、1922年に自身が死亡するまでの38年間、屋敷を増築し続ける。結果、家は7階建て、面積7万2千坪、総部屋数160の巨大建物に変貌。しかも、全くの無計画だったため、天井に突き当たる階段や床に設置された窓、どこにも通じない廊下など、極めて異常な設計が施されることになった。

現在も同じ場所に建つ家屋は、サラの妄執で作られた〝幽霊屋敷〟として名を馳せ、多くの人々が訪れる観光スポットになっている。

家主のサラ・ウィンチェスター

セシルホテル
アメリカ・カリフォルニア州

客室700の二つ星ホテル。これまで少なくとも10人がホテル内で殺害されているという

1980年代、セシルを定宿にしていた連続殺人鬼リチャード・ラミレス

ホテル内で3人の女性を絞殺したジャック・ウンターヴェーガー

シリアルキラーが定宿にした「殺人ホテル」

ロサンゼルスの市街地に建つ「セシルホテル」は〝殺人ホテル〟の異名を持つ曰く付きの宿泊施設だ。シリアルキラーが定宿としたり、不可解な事件が頻発しているのだ。

1927年に開業した同ホテルで最初の殺人が起きたのは1964年。1人の中年女性が部屋で遺体となって発見された。死因はいまだ不明のままだ。1980年代半ばには「夜のストーカー」と呼ばれた連続殺人鬼リチャード・ラミレスが、このホテルの19階の部屋を活動拠点にロス周辺で13人を殺害。さらに、1990年代初頭には、やはりここに住みついたオーストリア出身の連続殺人鬼ジャック・ウンターヴェーガーがホテル内で少なくとも3人の女性を絞殺している。

最近では2013年、ホテルの屋上の貯水槽から当時21歳の中国系カナダ人女学生が遺体で発見されるという事件が起きた。殺人とは断定されていないが、ロス市警が公開したホテルのエレベーター内の監視カメラには、誰かをやりすごしたり、狼狽しながら繰り返し廊下をうかがう女学生の姿が映っており話題となった。

呪われた歴史を持つセシルホテルは、現在も通常営業を続けている。

2013年、ホテル屋上の貯水タンクから遺体で発見された女学生。エレベーター内の監視カメラが、事件前に不審な動きを取る彼女の姿を捉えていた

UFO博物館

アメリカ・ニューメキシコ州

1992年設立。入場料は5ドル

「ロズウェル事件」関連の展示物がずらり

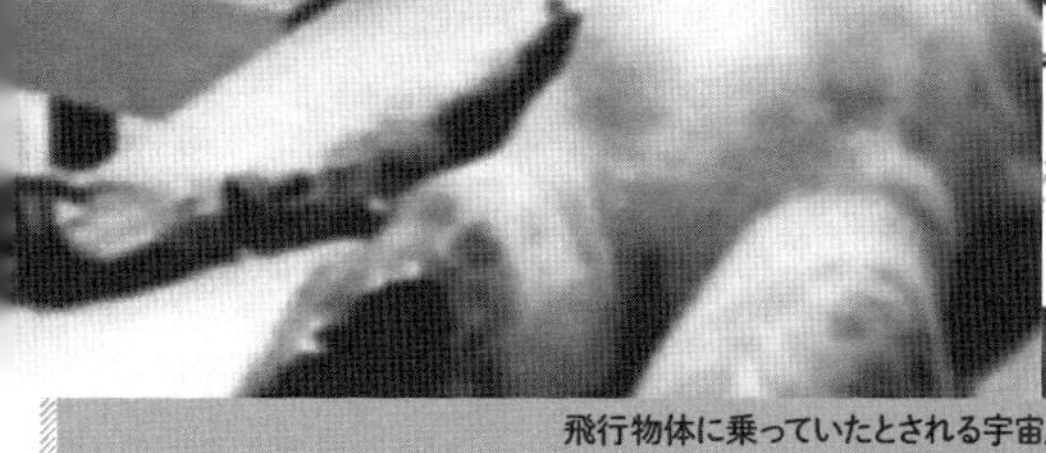

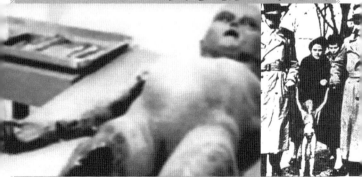

飛行物体に乗っていたとされる宇宙人の写真（事件当時）

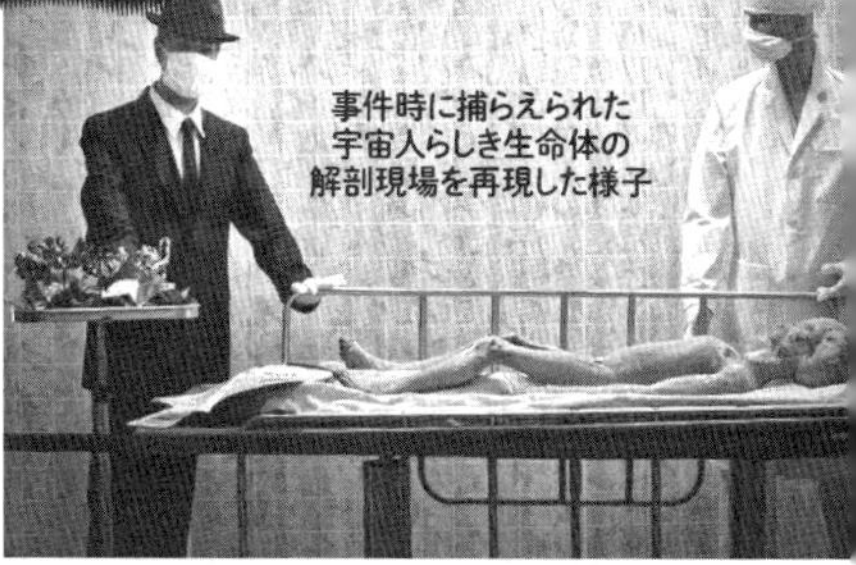
事件時に捕らえられた宇宙人らしき生命体の解剖現場を再現した様子

地球に降り立った宇宙人のジオラマも

１９４７年7月、米ニューメキシコ州ロズウェルから１２０キロほど離れた牧場に円盤型の飛行物体が墜落した。墜落物体はロズウェル陸軍飛行場の米軍に回収されるが、墜落場所が牧場であったため見物人も多く、数々の目撃談（「飛行物体の中に宇宙人が乗っていた」など）が集まる。また、米軍は当初、プレスリリースで墜落物体を「空飛ぶ円盤」と発表したが、後に「気象観測用気球」と訂正するなど不可解な点が多く、事の真相はいまだ謎に包まれている――。

世に言う「ロズウェル事件」はミステリアスな内容もあいまって、これまで多くの映画、小説、音楽、ゲームの題材となってきた。ＵＦＯが墜落したとされる地元ロズウェルのＵＦＯ博物館もその一つ。事件当時の新聞記事や関連資料、墜落したＵＦＯの乗組員である宇宙人らしき生命体の解剖現場を再現したジオラマ、その他、世界各地で見つかったＵＦＯやミステリーサークルの写真などを展示している。内容の信憑性はともかく、ＵＦＯマニアなら堪能できること間違いなし。

オーシャン・アベニュー112番地

アメリカ・ニューヨーク州

一家惨殺事件が起きた“悪魔の棲む家”

現在の、オーシャン・アベニュー112番地

一家惨殺事件発生時に撮られた1枚。三角窓を目に見立て、惨劇を笑っているようだと評判に

映画「悪魔の棲む家」で再現された邸宅

「オーシャン・アベニュー112番地」は、米ニューヨーク州ロングアイランドのアミティビルに所在する家屋の通称だ。1924年に築造された5ベッドルームでボートハウスも備わった豪華なこの邸宅は、世間から「悪魔の棲む家」と称されている。実はこの家、1979年の同名映画のモデルとなったデフェオ一家殺害事件が起きた現場なのだ。

1974年11月、この家に住んでいた一家の長男（当時23歳）が、両親と4人の弟妹をライフルで射殺した。長男は、裁判で「頭の中にいる何者かに『殺せ』とせき立てられていた」と主張、判決では終身刑が下された（2019年4月現在収監中）。

映画は、事件から1年後にこの家に入居したルッツ夫妻が体験した怪現象をもとに書かれた小説が原作となっている。本によれば、彼らが暮らし始めて以降、悪魔のような少年の幽霊が現れたり、壁の十字架が突然上下逆さまになるなど様々な怪奇現象が起きたのだという。後に夫妻の話は、手記を売るための創作と判明するが、映画公開後、オーシャン・アベニュー112番地には野次馬が押し寄せるようになる。そのため行政は「112」を欠番にして「108」に変更。不動産会社も当時、〝カボチャの目の窓〟として恐れられた三角窓を外し、屋内も間取りを変えるなど大幅にリフォーム。2016年、売却された。

セントラリア

アメリカ・ペンシルベニア州

現在も地下からの煙で一帯が霞んでいる

50年以上、地下が燃え続ける絶望の街

原因は1962年の炭鉱火災

街のメインストリート。左が1983年、右が2001年。
住民がいなくなった家々は取り壊されている

アメリカに信じられない場所が存在する。ペンシルベニア州セントラリア。人気のホラーゲームや２００６年公開のホラー映画「サイレントヒル」のモデルになった、50年以上にわたって地下が燃え続けている街だ。

周辺に炭田が広がる地域に拓かれたセントラリアは、１９６０年代まで良質な無煙炭が採れる炭鉱町として栄え、最盛期には約３千人が暮らしていた。ところが、１９６２年５月、炭鉱火災が発生する。原因は特定されていないが、集積所のごみを焼却した際に、むき出しになっていた地下の炭層に燃え移ったというのが有力な説だ。

その火が燃え広がり、地表の温度は70〜80℃に上昇。地下水が水蒸気となり有毒ガスと共に噴出し始めると、地盤沈下が頻繁に生じ、一酸化炭素・二酸化炭素の濃度も上がり住民の健康に悪影響が出始める。ただ、坑内火災の消火に必要な莫大な費用と技術面の不安から、政府は消火をあきらめ、住民にセントラリアからの退去を勧告。果たして、街はゴーストタウンと化す（5世帯10人は現在も居住）。

発生から50年以上経った現在も地下の鉱脈は燃え続け、その延焼範囲はおよそ１６０ヘクタール（東京ドーム34個分）。鎮火までには１００年以上かかると考えられている。

ムター博物館

アメリカ・ペンシルベニア州

館内には数多くのホルマリン標本が

ところ狭しと並ぶ奇形、奇病の実物標本

黄熱病で亡くなり、アルカリ質の土に埋葬されて全身の脂肪分が石鹸状になった女性の遺体

アメリカ近代医学の発祥地フィラデルフィアの「ムター博物館」は、難病、奇病、奇形児のホルマリン標本や、本物の人体、世界の頭蓋骨コレクション、ワックス標本、骨格標本、精巧な模型などを集めた展示スポットだ。

これらの品々は、博物館の名前にもなっているトーマス・デント・ムター博士が個人的に所有していたものだ。1858年の引退を機に医学教育のために保存しフィラデルフィア医師協会に寄贈。一般市民の医学に対する認識を高め、啓蒙することを目的に、博物館として一般公開されることになった。

フリークスのホルマリン標本など、展示物にはグロテスクなものも少なくない。

19世紀初めに見世物小屋で人気を博した一卵性双生児のチャン&エン・ブンカー兄弟（通称シャム兄弟）の医学標本。胸の部分が小さな軟骨で結合していた

麻酔法が確立し、近代医学が可能になる19世紀以前は、奇形や奇病、難病を治療する方法は皆無。唯一、できたのが実験的な手術を行って症例を積み重ね、標本にして残すことだった。ムター博物館の2万点に及ぶコレクションは、そうした近代医学の登場をまたぐように集められたものばかり。館内を一周すれば、150年にわたる医学の歴史が一望できるはずだ。

シンシナティ地下鉄

アメリカ・オハイオ州

現在も残る
11キロの地下トンネル

建設計画が頓挫しトンネルだけが残った

建設時の写真。
当初は市内を横断する
26キロが計画されていた

シンシナティ地下鉄は、建設が開始されたものの資金が枯渇したため無期限中断。現在も未成線としてトンネルだけが残る、アメリカ最大の廃地下鉄である。

シンシナティはケンタッキー州との境のオハイオ川河畔に位置し、南北戦争中は北軍の重要拠点だった。産業は食肉加工や製鉄、繊維、木材加工などが発展、20世紀に入るまで全米10大都市の一つに数えられていたが、その後廃れていく。要因の一つが、交通網だ。19世紀初めにオハイオ川からエリー湖まで400キロもの「マイアミ・エリー運河」を建設、交通を河川に頼ってきたため近代鉄道網の整備に手間取ってしまったのだ。

1914年7月、市議会は、ダウンタウンの渋滞緩和の解決策として、600万ドルを注ぎ込んで地下鉄建設を決定する。使われなくなった運河跡に線路を敷き、蓋をする計画だった。が、決定の11日後に第一次世界大戦が勃発。終戦後、1920年になってようやく建設が始まるものの、費用は高騰し、1927年には資金が底を突く。結局、26キロ中11キロだけ地下トンネルが整備され、線路は敷かれないまま放置されることになった。

現在、シンシナティ地下鉄は未完成のまま、線路のない地下トンネルと3つの「地下鉄入口」だけが廃墟として残っている。

開通に向け準備されていた車両もそのまま放置

廃墟となった刑務所外観

アル・カポネも収容されていた監獄廃墟

イースタン州立刑務所

アメリカ・ペンシルベニア州

アル・カポネが収監されていた独房（再現したもの）

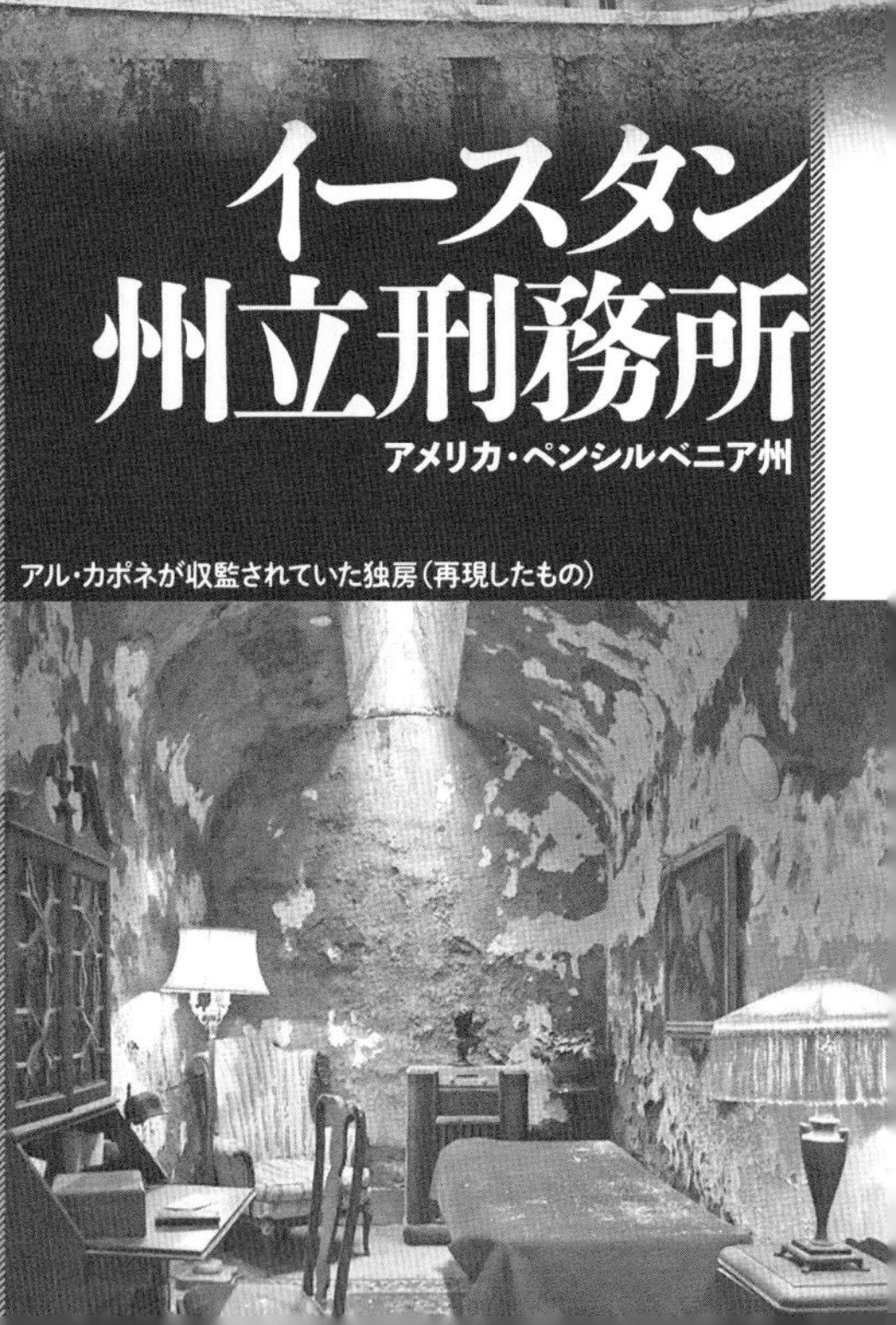

監房が並ぶ屋内

右ページ下に掲載した写真は、禁酒法時代に米シカゴの暗黒街を牛耳っていたギャング、アル・カポネが10ヶ月間投獄されていた独房を再現したものである。絵画が飾られ、洒落た電気スタンドにベッドやソファ、細工の施された机まで揃ったＶＩＰ待遇の部屋だ。

この監房があるのは、１８２９年に開設してから１９７１年に閉鎖するまでの約１４０年間に合計８万人ほどの囚人が収容されていた、米ペンシルベニア州フィラデルフィアのイースタン州立刑務所だ。所内には教会や病院、理髪所などもあったが、セントラルヒーティングが行き届かず、寒さから命を落とす囚人も多数。また、態度の悪い囚人を拷問する場所まで設けられ、その途中で死亡するケースも少なくなかったという。

現在、廃墟となったこの刑務所は、米国国立歴史指定の観光地となり見学者が押し寄せている。「心霊が出る呪われた刑務所」として噂されているからだ。刑務所の元関係者からは「４番監獄で、あるはずのない影が見えたり、奥で異様な気配がした」という証言も得られている。確かに、朽ち果てた監房や崩れかけた壁には囚人の霊が彷徨っていそうだ。

ホラー画像としか思えない

ベント・ヘブン・ミュージアム

アメリカ・オハイオ州

20ヶ国1千体の腹話術人形を展示

今にもしゃべりだしそう

米オハイオ州シンシナティにあるベント・ヘブン・ミュージアムは腹話術の人形を数多く展示する、世にも珍しい博物館だ（ベント＝腹話術、ヘブン＝安息所）。1973年、腹話術を趣味としていた地元のビジネスマン、ウィリアム・シェイクスピア・バーガーが死去し、彼が長年収集していたコレクションを公開したのが博物館設立のきっかけで、現在、20ヶ国以上から集められた約1千体の腹話術人形が館内の至るところに並べてある。

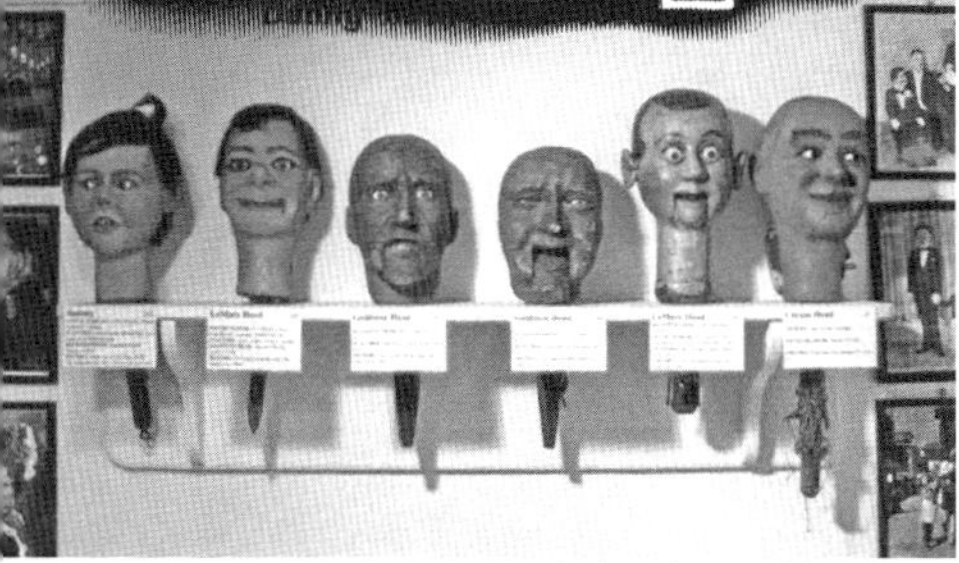
1800年代のビンテージ腹話術人形

整然と椅子に並べた展示法が不気味さを強調している

中には、20世紀初めにアメリカで人気を博した俳優で腹話術師のエドガー・ベルゲンが使用していた人形チャーリー・マッカーシーのレプリカや、19世紀の人形など貴重なものも含まれているが、日本の淡嶋神社（78ページ参照）しかり、大量に集められた人形のビジュアルは実に不気味。この博物館も一種異様な雰囲気を醸し出しており、人形の表情、視線から目を背けたくなってしまう。

フーバーダム

アメリカ・アリゾナ州

多数の建設事故死者を出した西半球最大のダム

アリゾナ州とネバダ州の州境に位置するコロラド川のブラック峡谷に建つフーバーダム。高さは221メートル、60階建てのビル並。建設には5年を要し、96人の作業員が命を落とした（下）

日本人にとっては、ラスベガスやグランドキャニオン観光のオプショナルツアーとして知られるフーバーダム。西半球最大といわれるこのダムの大きさは写真では実感しにくいが、真下を流れるコロラド川からダムの天辺までの高さは２２１メートル。およそ60階建てのビルに相当し、貯水量は実に約４００億トン。日本にある約2千５００基のダムの総貯水量が約２５０億トンというから、驚くしかない。

工事で死亡した人を追悼する碑

この巨大ダムには悲しい歴史がある。完成までに多くの人たちが命を落としているのだ。最初の犠牲者は、調査中に溺死した測量技師だった。工事が開始された１９３１年の夏には、最高気温の平均が48・８度を記録する猛暑が原因で作業員16人が熱中症により死亡。１９３６年の完成までに溺死や転落事故などで96人が亡くなった。ちなみに、完成目前の１９３５年12月、取水塔から転落して最後の犠牲者となったのは、最初に亡くなった測量技師の息子だったという。なお、熱中症で亡くなった16人や、トンネル内で一酸化中毒で死んだ42人は犠牲者にはカウントされず、補償金も出ていないそうだ。

こうした歴史ゆえか、フーバーダムは自殺の名所としても知られている。

ゴールデン・ゲート・ブリッジ

アメリカ・カリフォルニア州

80年間で飛び降り自殺者は1千600人以上

2006年公開の映画「ブリッジ」で捉えられた飛び降り自殺の瞬間

パトロール員に発見され、自殺を思いとどまるケースも少なくない

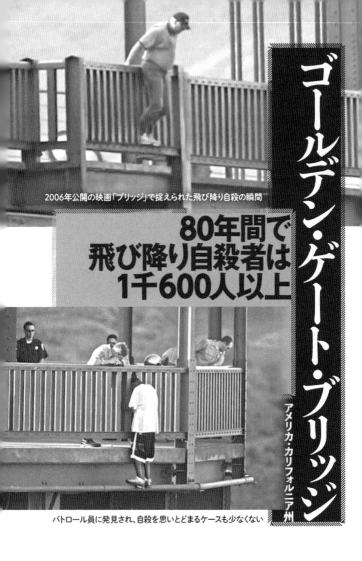

美しい景観とは真逆の顔を持つ

米カリフォルニア州サンフランシスコのシンボル、ゴールデン・ゲート・ブリッジは、世界でも有数の自殺の名所だ。橋の高さは水面から約67メートル。25階建てのビルの高さに相当し、身を投げ海面に到達した際の時速は130キロに達する。大半はこの衝撃で亡くなり、万一、生き残った場合も、溺れたり低温の海水で絶命するケースがほとんど。1937年の開通以来、自殺者は確認されただけでも1千600人以上にのぼる。

1980〜1990年代、医療専門家の提言により、各メディアは橋での自殺者を取り上げる報道や、自殺の名所といった報道を規制したが、効果は皆無。どころか、逆に自殺者数が増える結果となった。以後、メディアは積極的に自殺の現状を伝え、自殺を思いとどめるよう説得するスタイルを採る。また2006年には橋に固定カメラを設置し、自殺者のリアルな映像や、遺族のインタビューを収録したドキュメンタリー映画「ブリッジ」が公開され、自殺が本人だけでなく周りに大きなダメージを与えることを訴えた。

が、2013年に過去最悪の年間46人もの自殺者を出したことで行政も強行手段に出る。約100億円をかけて、全長2・7キロの橋の両脇に6メートルのワイヤーネットを張り巡らせる計画に着手したのだ。予定どおりなら2021年に完成する見込みだという。

2棟の世界貿易センターがあった跡地に、
ノースプールとサウスプールという滝を模した慰霊碑が建つ

9・11メモリアル

アメリカ・ニューヨーク州

〝グラウンド・ゼロ〟に建つ同時多発テロの記念パーク

崩壊した世界貿易センター

米ニューヨーク州マンハッタンにある「9・11メモリアル」は、アメリカ同時多発テロで崩壊した世界貿易センターの跡地〝グラウンド・ゼロ〟に、犠牲となった日本人24人を含む2千983名を追悼し、またテロの真実を後世に伝えるため、事件からちょうど10年後の2011年9月11日に設置された記念パークだ。

かつてツインタワーが建っていた跡に、それぞれ滝を配した2つの慰霊碑を建立。周りには、同時多発テロと、1993年2月26日の「世界貿易センター爆破事件」（アルカイダらにより、地下駐車場で起きた自動車爆弾事件。6人が死亡）の犠牲となった全員の名前が刻まれたブロンズのプレートが置かれている。

敷地には2014年5月、記念館も公式にオープンした。館内には、崩壊した壁の残骸や折れ曲がった鉄骨、生存者を助けて命を落とした一般人や消防士の遺品、避難する人々が実際に歩いて降りた非常階段など、〝あの日〟に関連する1万2千500点の展示品と、音声資料1千995点、映像資料580時間分を所蔵。中には、燃え盛るビルの中で行き場をなくして飛び降りた人々の写真も掲示されている。

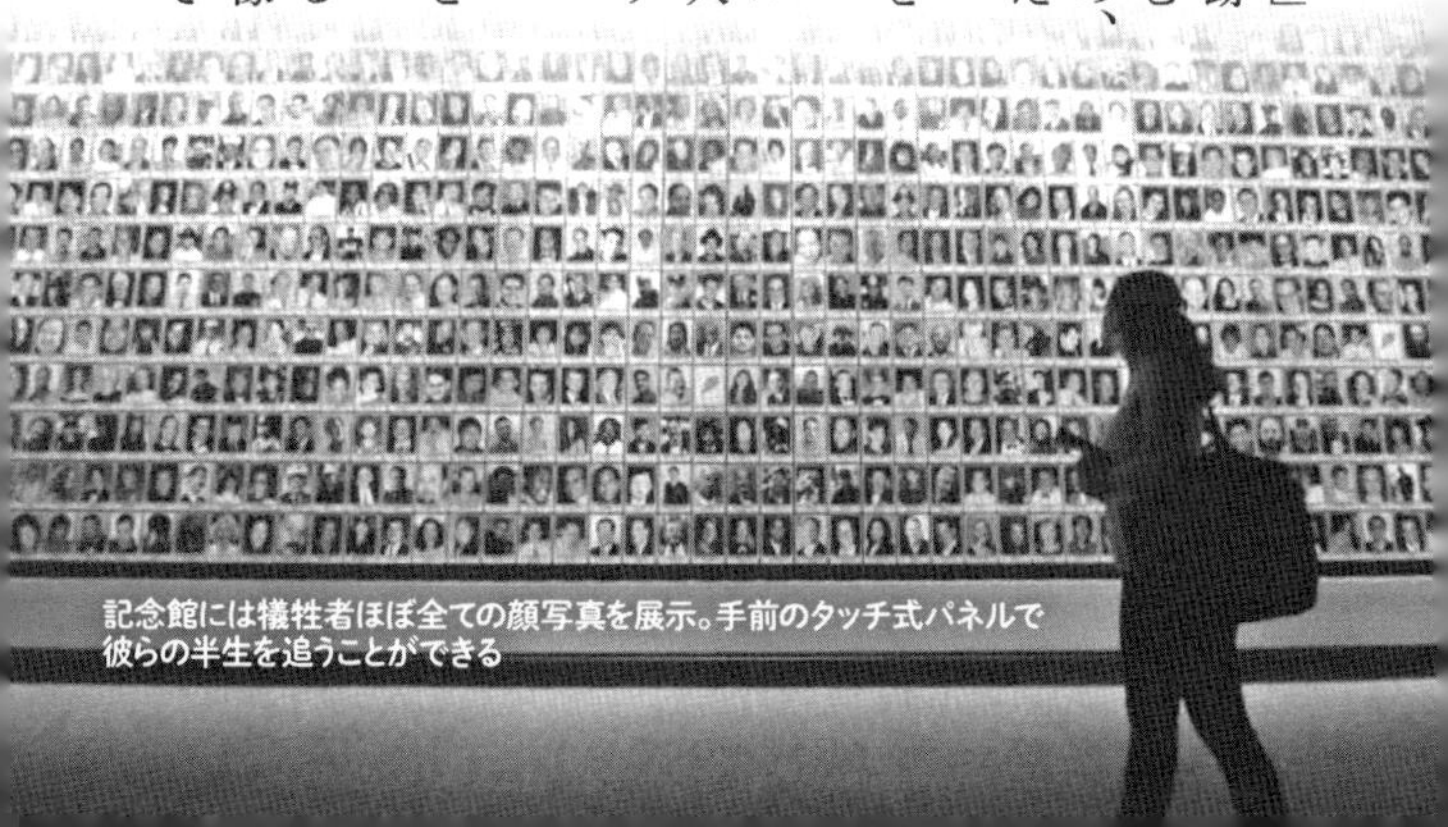

記念館には犠牲者ほぼ全ての顔写真を展示。手前のタッチ式パネルで彼らの半生を追うことができる

ゲーリー廃墟地帯

アメリカ・インディアナ州

ホラー映画ロケ地のメッカ

1920年代、ゲーリーに建てられたアメリカ最古のメソジスト教会

郵便局だった建物

メソジスト教会で撮影された「センス8」の1シーン

マイケル・ジャクソンの出身地で、アメリカ初の黒人市長を生み出した都市ゲーリー。シカゴにほど近いこの街は、20世紀初めにアメリカを代表する鉄鋼会社USスチール社が創業したことで3万人以上の雇用を生み、1950年代の最盛期には人口20万人の大都市になった。しかし、1960年代に入り製鉄業の業績が急激に悪化したことが引き金となって大量の解雇者を出し、高い技術を持った労働者の多くがシカゴへと流出。工場による環境汚染が酷かったことも加わり、人口は半分にまで減少する。賑わっていた駅や教会、病院なども次々廃墟となり急速に治安が悪化し、犯罪が万延。1998年には、アメリカで最も危険な都市という不名誉な称号が与えられるまでになってしまう。

衰退の一途をたどるゲーリーは、21世紀に入り意外なところで注目を浴びる。街の至るところに残る廃墟がイメージに合致するからと、ホラー映画やドラマの撮影が行われるようになったのだ。知られている作品では2010年に公開されたリメイク版の「エルム街の悪夢」や、2011年の「トランスフォーマー／ダークサイド・ムーン」、またネットフリックスなどで見られるドラマ「センス8」も、この地でロケが行われている。

グロール精神医学博物館

アメリカ・ミズーリ州

精神病患者に使われた不気味な医療器具を展示

暴れる患者を大人しくする目的で使用された拷問器具

梅毒患者の細菌を殺すために使われた滅菌装置

米ミズーリ州にあるグロール精神医学博物館は、１９５６年から30年間、聖ヨセフ州立病院で働いていた精神科医のジョージ・グローシが、精神病の治療に使っていたかつての器具をコレクションしたものを展示するために作られた博物館だ。

マネキンを使った展示物は、電流を流し脳の血流を低下させ患者の動きを封じる脳波計測マシン、同じく患者を大人しくするため18世紀に囚人に使われていた拷問器具を流用したもの、悪魔のオペと呼ばれたロボトミー手術用の道具など種々様々。中には「異食症」という、食品以外のものを食べる症状を持った女性患者の胃から実際に摘出したものを飾ったオブジェもある。驚くことに、この女性からは４５３本の釘と42本のネジ、９本のボルトに７本の壁掛け用フック、５個の指貫、３個の調味料を入れる金属製の蓋、１０５本のヘアピン、１１５本の安全ピン、52本のカーペットの釘に37本の裁縫用針が摘出されたそうだ。

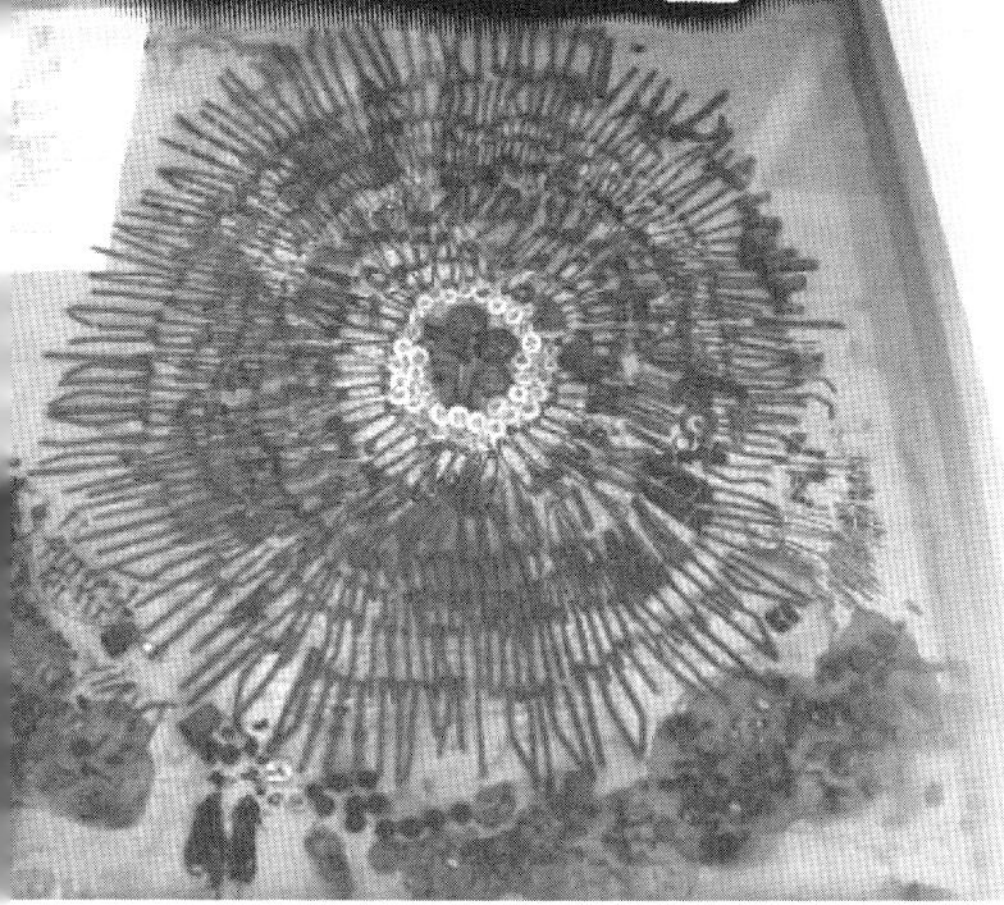

「異食症」を患った女性の胃から摘出された大量の釘やネジ。この女性は摘出手術中に死亡したそうだ

　精神医学のためとはいえ、今では考えられない残酷な治療法や器具には鳥肌が立つ。

ガムウォール

アメリカ・ワシントン州

モノクロ写真ではわかりづらいが、狭い通路の両側の壁に大量のガムが貼られている

吐き捨てられたガムが壁一面に

シアトルの人気観光スポットでもある

2015年に行われた大清掃の様子

米ワシントン州シアトルの観光の目玉、パイク・プレイス・マーケットのメインエントランスのすぐ近くに仰天のスポットがある。高さ2・5メートル、幅15メートルの壁一面に、吐き捨てられたガムが貼り付けられた「ガムウォール」だ。

始まりは1993年、近所にあるマーケットシアターでショーが始まるのを待っていた学生が、ガムで1セント硬貨を壁に貼り付けたことがきっかけだった。以降、それを真似する人が次々にガムを貼り付け、ガムウォールは現在の状態にまで拡大するとともに、まるで進化する現代アートのように日々形を変えていく。

もっとも、ここが極めて汚い場所であることも確かで、20年以上にわたって貼り付けられたガムの重なりは、ガムに残った糖分でレンガを侵食するほど。大手旅行情報サイト・トリップアドバイザーが選ぶ〝世界の不衛生な観光スポットランキング〟では常に3位以内にランクインしていたほどだ。そこで2015年11月、全てのガム（総量約1千キロ）が130時間かけて取り除かれ、壁の掃除が行われた。現在、ガムの数は全部で25万個以上。シアトルを訪れる機会があれば、記念に自分で噛んだガムを壁に貼り付けてみよう。

ヴィラ・エペクエン

アルゼンチン・ブエノスアイレス州

2009年、水没から再び地上に出現した街は見るも無惨な姿に形を変えていた

水没から24年後に再び姿を現した湖畔のリゾート

人気リゾート地として栄えていた1980年当時のヴィラ・エペクエン

南米アルゼンチンの首都ブエノスアイレスから南西約５６０キロに位置するエペクエン湖のほとりに、かつて「ヴィラ・エペクエン」という街が存在した。１９２０年代初めにリゾート地として開発され、１９５０年代から１９７０年代までの11月から3月にかけての観光シーズンには約２万５千人が訪問。ロッジやゲストハウス、ホテル、商店など２８０にのぼる企業があったそうだ。

荒野となった現在と、かつての街並みを比較する人も

街の活気と繁栄が終わりを迎えたのは１９８５年11月。大雨で湖の堤防が決壊し、街全体が水没してしまったのだ。地上から完全に姿を消したヴィラ・エペクエンはやがて人々の記憶からも忘れ去られていく。が、洪水から24年が経過した２００９年、気候の変化により水位が低下し、街は再び地上に姿を現す。が、人々が見たのはかつての美しい観光地ではなく、立ち枯れた木々や、泥を被り崩れ落ちた建造物。まるでこの世の終わりのような光景だった。すっかり廃墟と化したヴィラ・エペクエンはその後、複数のメディアが〝現代のアトランティス〟として取り上げ、再び脚光を浴びる。往年の輝きは失ったものの、荒廃の美が人々の心を惹きつけているようだ。

恥の壁

ペルー・リマ郊外

壁の左がスラム街で
右が高級住宅地

壁1枚で区切られた貧困層と富裕層

壁の上は有刺鉄線が
張り巡らされている

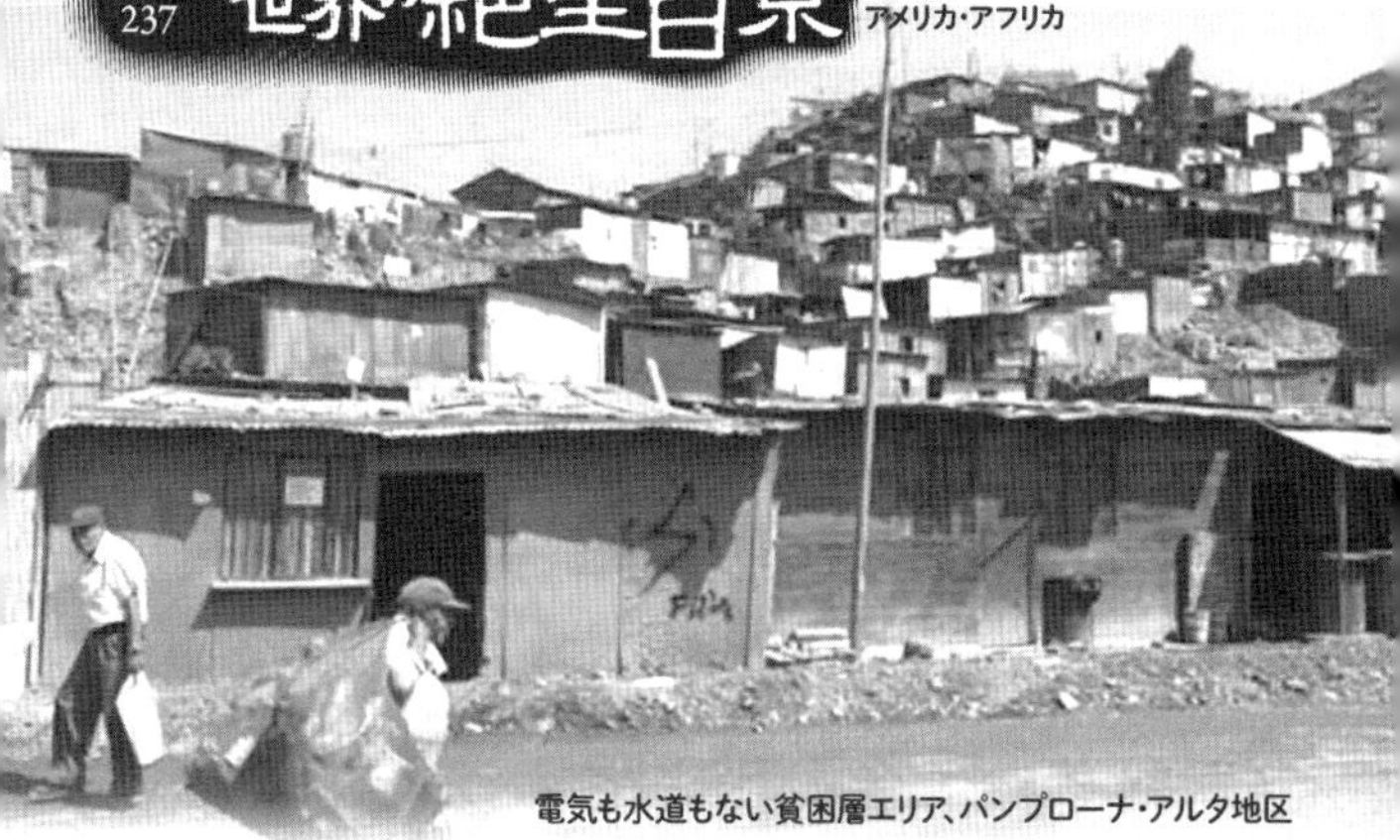

電気も水道もない貧困層エリア、パンプローナ・アルタ地区

ペルーの首都リマの南東に位置するサンフランシスコの丘に、約10キロにわたって高さ3メートル強の有刺鉄線がついた壁が建ち、最富裕層が住むカスアリーナス地区と、最貧困層が暮らすパンプローナ・アルタ地区を隔てている。〝恥の壁〟または〝ペルーのベルリンの壁〟と呼ばれるこの壁は、貧困層が富裕層のエリアに入り込み、犯罪を犯すのを防ぐために設置されたものだ。

リマの街並みを一望できるサンフランシスコの丘が分譲地として開発されたのは1950年代のこと。次第に土地の価格は高騰し、カスアリーナス地区は今やペルーで最も高級な住宅地となった。対し、反対側のパンプローナ・アルタ地区は不法占拠者がバラック小屋を建てて住み着いたエリア。水道も電気もなく、リマで2番目に治安が悪い地区だという。

こうした状況に危機感を覚えたカスアリーナス地区の住人が費用を分担、80年代から壁を作り始めたのだ（2012年に完成）。結果、犯罪は減少したものの、多くのペルー国民は、この壁を〝国の恥〟と感じているそうだ。

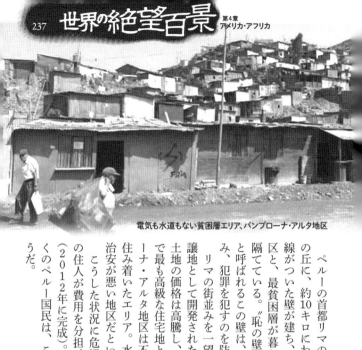

チャウチージャ墓地

ペルー・イカ州ナスカ

乾燥した気候ゆえ、保存状態は極めて良好

1千年以上前のミイラを直で見られる希少スポット

地面を2メートルほど掘り下げ、壁面を日干し煉瓦で覆った四角の墓にミイラが安置されている

ペルー文化庁（当時）が現地の正式な調査と保全を開始したのは、1997年になってから

世界遺産「ナスカの地上絵」で有名なペルー・イカ州ナスカから約28キロ南にあるチャウチージャ。ナスカ文化（紀元前200年〜650年頃）から1世紀以上後の西暦650年〜1000年頃、共同墓地として利用されていた場所だ。

チャウチージャ墓地の特徴は、極端に乾燥した砂漠の気候のため、埋葬されミイラ化した遺体が状態の良いまま保存されている点で、現在もその姿を留めるミイラを直で見ることができる。が、現存する墓はわずか10数基。残りの大部分は、ワッケーロと呼ばれる墓泥棒たちによって荒らされた。墓を暴いた泥棒たちは土器や貴金属製品、死者を包んでいた織物を根こそぎ強奪。ミイラそのものも売買の対象とされ、国内外の博物館や個人の〝コレクション〟として各地に散らばっている。発掘場所を明記せず、単に「ナスカのミイラ」と紹介されるものは、このチャウチージャから盗まれた可能性が高いそうだ。

ちなみに、当墓地のミイラは全て東を向いている。埋葬した人々が、死者の日の出＝再生を願ったのがその理由だという。

列車の墓場

ボリビア・ウユニ

100両以上の機関車が放置された荒野

夕陽に照らされる機関車は
幻想的ですらある

高地の塩を含んだ風に吹きさらされた車両は赤錆に覆われている

ボリビア西部の街ウユニの近郊に「列車の墓場」と呼ばれる場所がある。荒涼とした土地に骨組みだけの蒸気機関車や、錆びついた列車が100両以上も放置されているのだ。

ウユニの主要産業は、今も続くウユニ湖での塩の生産だが、19世紀後半までは鉱物資源が採掘されたという。それらを太平洋側の港に運搬するため、イギリスの会社が出資して鉄道網を敷設。ウユニは資源の生産拠点として大いに栄えた。が、1879年に勃発したチリとの国境紛争に負けたボリビアは、太平洋へ抜ける領土を失ってしまう。結果、ウユニからの資源を運び出すことができず、さらにはウユニ湖の資源も枯渇したためイギリスの会社は撤退。運用していた列車をそのまま放置し去っていった。

残された列車は凹みができたり、ねじれてしまった車両が多い。また、3千500メートルという現地の標高により水の沸点が100度から98度に下がり、蒸気が足りなくなり脱線した機関車も少なくなかったようだ。

部品は持ち去られ、車体は落書きされ放題

蛇の島
ブラジル・サンパウロ

ブラジルのイーリャ・デ・ケマダ・グランデ島は〝地球上で最も危険な島〟と称される。国内最大都市サンパウロの沖に浮かぶ好立地にもかかわらず、毒蛇が大量に生息しているからだ。蛇は南米最強の猛毒を持つゴールデン・ランスヘッド・バイパーなる種で、体長は50センチ程度ながら、毒素の強さは同種の蛇の5倍以上。島では年々数が増え、1平方メートルに1～5匹という過密状態らしい。この蛇に咬まれると傷の周りの肉が溶け、致死率は90％に達するという。地域住民が、イーリャ・デ・ケマダ・グランデ島に入った人間は生きて帰れないと恐れているのも当然である。ちなみに、島は無人で、上陸するにはブラジル海軍の許可が必要だ。

南米最強の猛毒蛇がうじゃうじゃうじゃ！

サンパウロ沖の無人島に生息するゴールデン・ランスヘッド。一撃で渡り鳥を捕獲するため毒性が強まったともいわれる

砂漠の手

チリ・アタカマ砂漠

灼熱の荒野に現れる5本の巨大な指

地面から空に向かって伸びる「砂漠の手」。高さは11メートル

チリのアンデス山脈と太平洋の間に、世界最大の乾燥地帯といわれるアタカマ砂漠がある。そのど真ん中、標高1千100メートルの場所に突如、地面からニョッキリ人間の左手が現れる。1992年、チリの彫刻家マリオ・イラザバルがセメントと鉄筋で造った「砂漠の手」なる巨大彫刻だ。見る人によっては、砂漠が手招きしているとも、地中から神が現れようとしている姿とも受け取れるが、この彫刻には1973年から1990年のチリ軍事独裁政権下で犠牲となった人たちへの慰霊の意味が込められているそうだ。現地は、多くの人が訪れる観光名所となっているが、この貴重な彫刻に落書きする者が多く、管理会社は頭を悩ませているらしい。

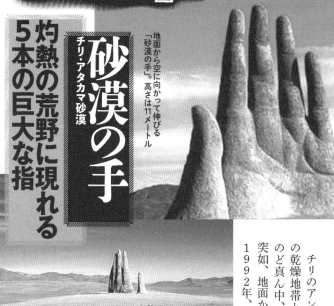

ヤルマル村

コロンビア・アンティオキア県

不可解な現象は
長年「ヤルマルの呪い」として
恐れられてきた

住民の半分が40歳で
アルツハイマー病を発症

周りをアンデスの山に
囲まれた美しい村だが…

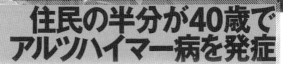

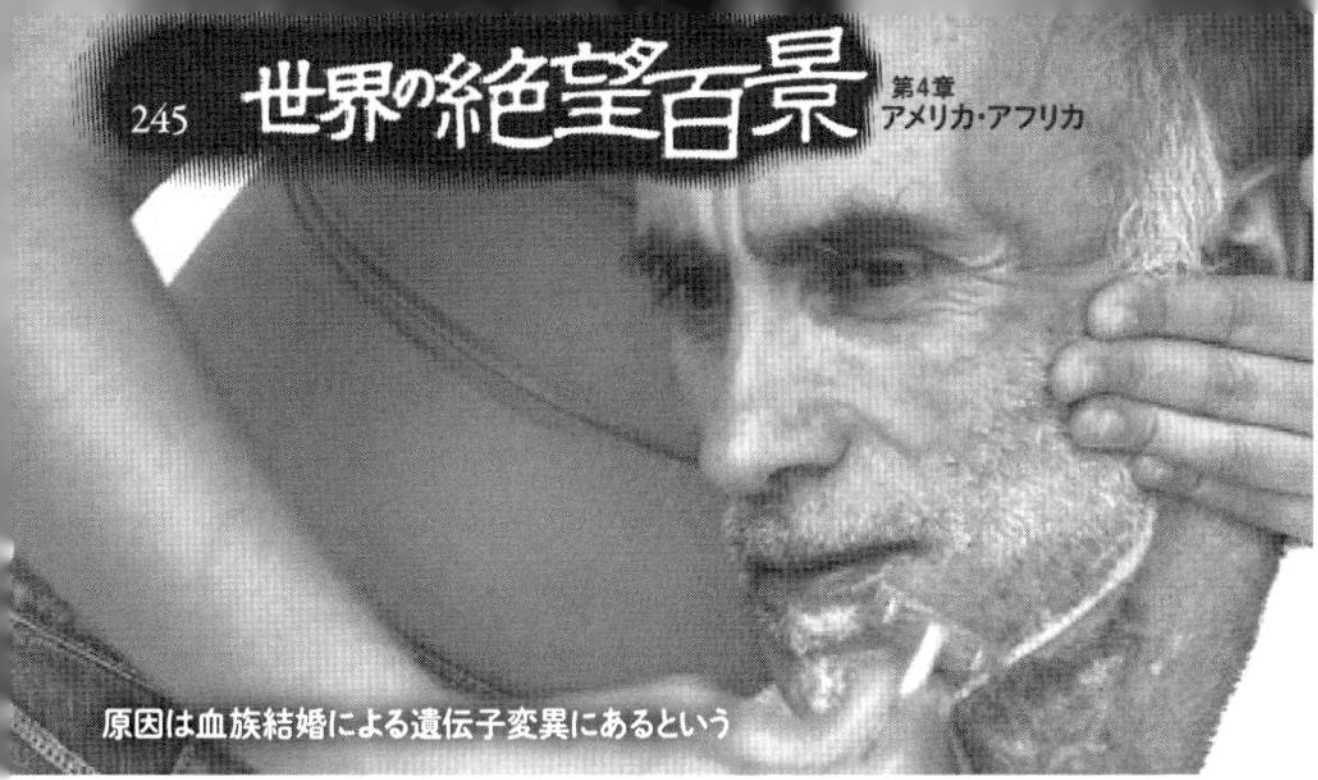
原因は血族結婚による遺伝子変異にあるという

南米コロンビアの北西部アンティオキア県にあるヤルマルは、アンデスの山々に囲まれた風光明媚な村だ。が、その美しい光景とは裏腹、村に暮らす人々は大きな悩みを抱えている。約5千人いる住民の半分がアルツハイマー病に罹っているのだ。しかもその大半がちょうど40歳になる頃、症状が現れるらしい。

例えばここに暮らす82歳（2015年当時）の男性は、とうの昔に成人した子供たちの世話に追われているという。55歳の息子はおむつを手で切り裂き、動き回ろうとするため椅子に縛り付けられている。また、以前看護師をしていた61歳の娘は48歳の頃、患者の薬を忘れるようになり、今では無言のままチューブで栄養を補給しながら生きているそうだ。

なぜこの村では皆若くしてアルツハイマー病になるのか。理由は遺伝的な要因に加え、過去300年にわたり村民同士の血族結婚が繰り返されてきたことにあるという。近親交配によって遺伝子の突然変異が引き起こされ14番染色体の遺伝子が欠陥、それが代々受け継がれた結果、アルツハイマー病が広がったというのだ。

現在、ヤルマル村ではアルツハイマー病の遺伝子を持つ、まだ発病前の若者300人に新薬を投与し効果を検証している。結果が出るのは2020年らしい。

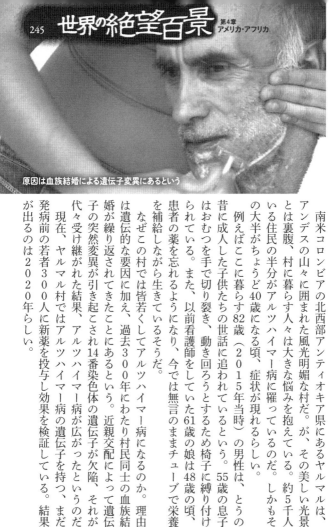

アレクサンドリア海底宮殿

エジプト・アレクサンドリア沖

海底で見つかったクレオパトラの像。遺跡の中に彼女の墓があるのではないかと現在も調査は続いている

海底に沈んだエジプトの古代都市

驚くほど無傷で残る遺跡群

１９９６年、衝撃的なニュースが世界を駆け巡った。約2千年前の古代エジプトのクレオパトラの遺跡がエジプト・アレクサンドリア沖の海底で見つかったというのだ。

アレクサンドリアは、紀元前３３２年、アレクサンダー大王によって建設された古代都市である。往時には高さ１３０メートルの「ファロスの大灯台」があり、世界中の知識の粋を集めた蔵書約70万冊の「アレクサンドリア大図書館」も保有する、世界でも類を見ない大都市だった。ところが、紀元３６５年の地震で壊滅的な被害を受け、さらに１３０８年に起きた大地震によって地盤が沈降し、島や岬が水没してしまう。１９９６年に見つかった遺跡は、このときに沈んだもののようだ。

調査では、次々に貴重な発掘が相次いだ。スフィンクス像や女神像、プトレマイオス王朝時代の王の像、オクタウィアヌスをはじめとするローマ皇帝の像、沢山のアンフォラの壷、さらには紀元前4世紀頃の沈没船や、ファロスの大灯台の一部と思われる石柱なども見つかっている。このうち重要な遺跡はグレコ・ローマン博物館に収蔵されたが、その他は現在も海底に残され、２００１年からは一般客も潜水し直に遺跡を見学できるようになった。

スフィンクスも眠っている

生々しい展示に背筋が凍る

ムランビ虐殺記念館

ルワンダ・ムラムビ

ルワンダ虐殺の現場となった元技術学校

惨劇に遭った技術学校の建物が
記念館に使われている

1994年、アフリカの小国ルワンダで、世界を揺るがす集団殺戮事件が起きた。いわゆる「ルワンダ虐殺」だ。国民の8割以上を占めたフツ族が、少数派のツチ族らを殺害した民族間の惨劇。犠牲者は100日間で約100万人にのぼり、この数字は当時のルワンダ国民総人口の5分の1に相当した。

現在、ルワンダ国内には6ヶ所に大きな虐殺記念館が置かれているが、中でも生々しく虐殺の実態を伝えているのがルワンダ南部にあるムランビ虐殺記念館だ。記念館の建物は元々ムランビ技術学校が使っていたもので、事件時、6万5千人ものツチ住民が〝安全な場所〟として校舎内に避難していた。が、彼らを支援していたフランス軍が唐突に撤退した途端、フツ系過激派民兵が学校に乱入、4万5千人のツチ住民が虐殺されてしまう。

おびただしい数の人骨、犠牲者の衣服が悲劇を今に伝える

ムランビ虐殺記念館には慰霊のモニュメントや石碑などは一切ないが、館内に展示された犠牲者数千人分のミイラや白骨、彼らが着ていた衣服は、その惨禍を語るに十分だ。

ナトロン湖

タンザニア・ロリオンソ県

強いソーダ分と塩で石化した鳥

動物たちを石化させる死の湖

湖水はアンモニアと同程度のアルカリ性で、水温は60度に達する

アフリカ・タンザニア連合共和国の北部にあるナトロン湖は、別名〝死の湖〟と呼ばれる。アルカリ性の湖水によって石化した本物の動物の死骸が、数多く発見されているからだ。

湖の名の由来である「ナトロン」とは、火山灰中で発生する天然の化合物で、古代エジプト人がミイラを作る際にも乾燥剤として用いた物質だ。湖のアルカリ度は9～10・5pHで、アンモニアとほぼ同じ。水温は60度にまで達するというから、ここに間違って飛び込んだ動物はまず助からない。しかも、湖水のソーダ分と塩が遺体の石化を招き、乾くとそのままの姿で保存されることになる。まさに動物にとっては地獄のような場所だが、一方で、ナトロン湖はフラミンゴの繁殖地として有名で、生息数は250万羽ともいわれる。塩分によって発生する藻を主食とするフラミンゴには、外敵も近寄らない楽園なのだ。

世界でも珍しいこの湖、現在は長さ50キロ、幅20キロ、深さ3メートルの大きさだが、砂漠化の影響でどんどん縮小し続けており、最終的に草原になると予測されている。

まるで絵画を見ているようだが、全て本物の死骸（写真は撮影の際に形を整えたもの）

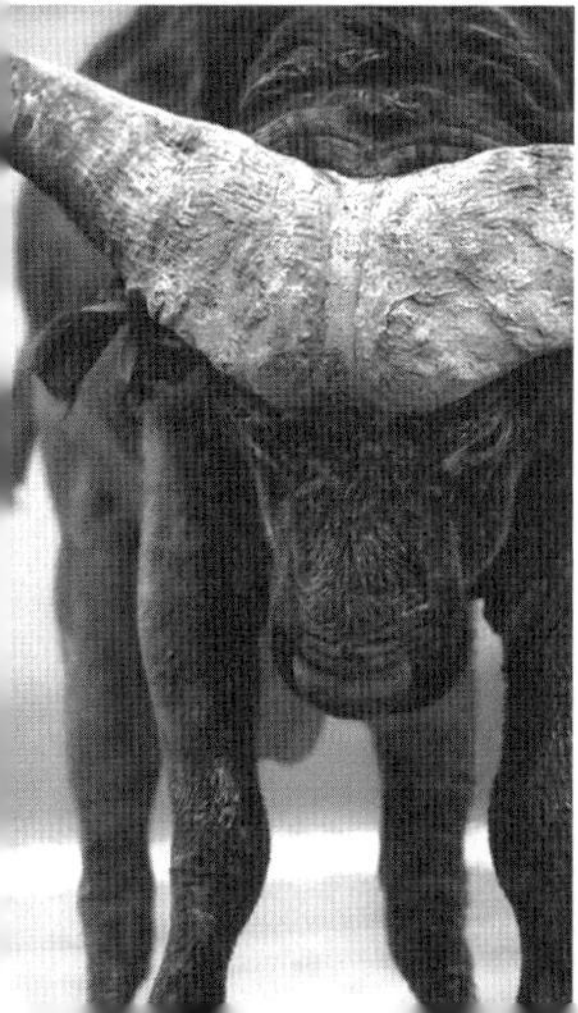

ミギンゴ島

ケニア・ビクトリア湖

家で埋め尽くされた世界一人口密度が高い島

トタン屋根で埋め尽くされたミギンゴ島。面積はサッカーグラウンドの四分の一ほど

住民の大半が漁師

アフリカ最大の淡水湖、ケニアのビクトリア湖にあるミギンゴ島は約1千800平方メートル、サッカーグラウンドのおよそ四分の一ほどの岩島である。驚きなのは、この小さな島に地面が見えないほど家が密集し、多くの住民が生活していることだ。

1991年、2人のウガンダ人の漁師が住み始めて以来、島の人口は増え続け、今や1千人以上。島にはバーや美容院、薬局、ホテル、さらには売春宿も営業しているという。もっとも、建物は全てトタン作りで、住居の家賃は日本円でおよそ5千500円。これは陸地にある普通の家の2倍の料金だという。理由は、島のそばにナイルパーチという2メートル超の食用魚が獲れる漁場があることだ。そのため周辺諸国の2〜3ヶ月の平均収入を、この島では1週間で稼ぎ出せるのだ。ちなみに、ミギンゴ島の200メートル東に、数倍も大きなウギンゴという島があるが、ここは無人のままだそうだ。

収入面でいえば文句なしに思えるミギンゴ島だが、島自体はケニアの領土ながら最初に住み始めたのがウガンダ人だったため、過去には両国間で武力行使が起き、6人の死者を出したこども。結果、現在は独立状態にあり、収入の60％が税金で取られているらしい。

まるでスラム街に見えるが、住民の収入は周辺諸国の約10倍

アパルトヘイトの歴史を今に伝える“負の世界遺産”

ケープタウンの沖合12キロに浮かぶロベン島。面積は5.47 km²

ロベン島

南アフリカ・ケープタウン沖

島では元受刑者がガイドする「監獄ツアー」が行われているという

マンデラが収監されていた当時の1枚

南アフリカ共和国の首都ケープタウン沖の12キロにあるロベン島は、ユネスコの世界遺産にして〝監獄島〟とも称される。この島、周囲の潮の流れが速いため、17世紀終わりのオランダ植民地時代から流刑地として使用され、１８３６年から１９３１年まではハンセン病患者の隔離施設が置かれていた。その歴史の中で一番注目されるのは、１９５９年以降、政治犯の強制収容所となったことだ。当時、南アフリカは、アパルトヘイト（人種隔離政策）を法制度として定め、白人と非白人を選挙権、就業、居住、教育など各分野で差別。非白人を強制的に限られた土地に移住させるなどして白人を優遇。これに反対する非白人たちを囚人として閉じ込めたのがロベン島だ。１９９４年に南ア史上初の全人種参加選挙で初の黒人大統領となったネルソン・マンデラも、この島で18年間の投獄生活を送っている。

マンデラの大統領就任に伴いアパルトヘイトは撤廃。ロベン島の刑務所も１９９６年に閉鎖され、翌年からは政府の管理下で一般公開が始まった。現在、島全体が博物館となり、マンデラが収監されていた独房や受刑者たちが労働を強いられていた石灰採石場跡なども見ることができる。

世界の絶望百景

2019年6月12日　第1刷発行

編　著　鉄人社編集部
発行人　稲村 貴
編集人　尾形誠規
発行所　株式会社 鉄人社
〒102-0074 東京都千代田区九段南3-4-5 フタバ九段ビル4F
TEL 03-5214-5971　FAX 03-5214-5972
http://tetsujinsya.co.jp
デザイン　細工場
印刷・製本　株式会社シナノ

主要参考サイト
カラパイア　ロケットニュース24　エイビーロード　トカナ　Gigazine
NAVERまとめ　デイリー・ミラー　エキサイトニュース　Yahoo!ブログ
livedoorブログ　全国心霊マップ　おに怖ニュース　YouTube　CBC news
The NewYork Times　ウィキペディア　IRORIO　DDN JAPAN
AFPBB News　TIME　GOTRIP!　日刊ゲンダイDIGITAL
ダイヤモンド・オンライン　日本珍スポット100景　フォートラベル
その他、多くのサイト、資料を参考にさせていただきました。

ISBN978-4-86537-164-2　C0176

本書へのご意見、お問い合わせは直接、小社までお寄せくださるようお願いします。